Proyecto
ESPAÑA

SPANISH FOR PROFESSIONAL PURPOSES

BOB GOULD AND LILIANA NOGUEIRA PACHE

Hodder & Stoughton

ACKNOWLEDGEMENTS

The authors and publishers would like to thank the following for permission to reproduce material in this volume:

Actualidad Economica pp. 41, 47-8, 121; *Expansión* pp. 57; ABC pp. 23, 130; TurMadrid pp. 134; Banco Santander pp. 146; El Corte Inglés, S.A. pp. 156; Action Computer Supplies pp. 56, 169; *El País* pp. 11, 13, 66, 80, 86, 103, 153, 162; Panasonic Business Systems UK pp. 58; *Ranking* pp. 31; María Dueñas Vallejo pp. 114 Nokia pp. 156; Turespaña – Secretaria General de Turismo pp 33; *Cambio* 16 pp. 37, 39, 40, 60, 108, 192, 193, 194, 196; Mercado pp. 54, 156; Anel Fernández pp. 169; Ofertas Directas en Prensa pp. 136; Nueva Empresa pp. 151; Dinero pp. 172; Editorial de Vecchi, S.A. pp. 101; and finally, José M. de Anzizu and Ediciones Gestión 2000, S.A. pp. 99, 200.

Every effort has been made to trace and acknowledge ownership of copyright. The publishers will be glad to make suitable arrangements with any copyright holders whom it has not been possible to contact.

British Library Cataloguing in Publication Data

Proyecto Espana: Spanish for Professional Purposes
I. Gould, Bob II. Pache, Liliana Nogueira
468. 2421

ISBN 0-340-61138-3

First published 1995
Impression number   10 9 8 7 6 5 4 3 2 1
Year   1999 1998 1997 1996 1995

Typeset by Transet Typesetter
Printed in Great Britain for H... ...eadline Plc,
338 Euston Road, London NW...

C ONTENTS

Notas para trabajo en parejas y grupos

INTRODUCTION

This course is designed as a post-beginner or post-GCSE course in business Spanish for those students who need to use more advanced Spanish in a practical context. In the early chapters the course reviews basic language skills, key points of grammar and basic business vocabulary, which will appeal to the learner who has not been exposed to business Spanish, and then progresses to the introduction of more complex language functions, grammar and vocabulary. Listening, reading, writing and speaking skills are developed to an equal degree in order to give students a range of skills they will need in authentic business situations or to prepare for A/AS level examinations.

Proyecto España follows the progress of a proposed joint venture between a Spanish company and a UK-based company as they look to expand into new European markets. As such, it offers communicative practice in an extensive range of professional situations including interviews, presentations, semi-formal meetings, internal office communication and correspondence.

Using a mixture of authentic material and texts that have been adapted or developed by the authors, each of the ten units concentrates on aspects of the dealings the Spanish company has with external agents and internal company relations. Although the developing relationship between the Spanish company and possible European partners is the core of the storyline, characters drop in and out of units and deal with a variety of situations, making the units more free-standing and allowing learners and teachers greater flexibility in moving around the units.

Reading tasks involve skimming texts to extract general information or more detailed reading to extract more detailed responses or vocabulary items. The listening exercises are largely concentrated in *Sección A* of each unit and comprise a variety of formats including dialogue chains, gap filling and comprehension exercises. All listening extracts are spoken by native Spanish speakers. In addition learners practise oral and listening skills in role-plays, presentations and discussions. Writing exercises are developed gradually, from gap filling to written responses to questions, summaries and full business letters. The needs of the learner and the preferred approach of the teacher will dictate whether more or fewer exercises are used to develop the different skills.

The structure of the units in Proyecto España

Each unit follows the same overall pattern and offers a variety of exercises and tasks for the student to tackle. Exercises in each section promote individual work but also develop the practice of pair or team work. The nature of the exercises allows the material to be exploited in a variety of different ways, again according to the needs of the learner and teacher.

Sección A introduces the main structural and thematic core of the unit through a mix of listening and reading exercises. These items and the exercises are designed to encourage learners to use Spanish in a variety of ways, and exposes them to new structures in familiar contexts. The section finishes with an extended reading exercise which may be used for independent study but which also includes possibilities for classroom activities.

Sección B offers learners a brief explanation of the key grammar points and functions covered in the unit coupled with examples taken from the preceding section. Naturally, given the nature of *Proyecto España*, the grammar coverage cannot be exhaustive and the authors have concentrated on some of the major areas of difficulty at this level. Functions linked to these grammar points are also developed in this section and the exercises develop and practise those points which are covered.

Sección C builds on the elements studied in sections A and B, but concentrates on developing communicative skills which aim to engage learners in the practice of the grammar, functions and vocabulary of the unit as a whole. Although they can be used by the individual learner, many of these communicative assignments are designed to be done in pairs or small groups and include extended tasks such as preparing a presentation, carrying out a survey, preparing a debate and group projects. Several of the exercises in this section make use of the *Notas para trabajo en parejas y grupos* section in the book.

Notas para trabajo en parejas y grupos

This section contains material for pair and group work from some of the exercises in the units in *Proyecto España*. It provides learners with information specific to the tasks they are being asked to perform with other learners, without this information being immediately available to their counterparts. The format of these exercises is designed to make learners interact with others and understand and respond to previously unseen information. In some of the exercises learners may be able to anticipate the general nature of the responses they are likely to solicit from their partner, but not the detail, thus requiring the participants to prepare their interventions with care and to be prepared to respond to original information.

Glossary

The glossary contains the vocabulary contained in the dialogues and the exercises and English equivalents. Some derivatives of some key words and phrases are also given. In addition learners are encouraged to acquire a good English-Spanish, Spanish-English dictionary.

Acknowledgements

For taking the time to read through and offer their comments and suggestions on some earlier draft chapters we would like to thank Helen Rawlings and Miguel Arrebola Sánchez of the University of Portsmouth. Eva Nuñez also offered many useful comments on exercises and style. Tony Noel and Teresa Cisneros of the Spanish Executive Information Service in Madrid provided role models for some of the characters and themes developed in the book, and our thanks must go to them. Thanks are also due to our students at Portsmouth Grammar School and Portsmouth University who tested much of the material here and we are grateful to them for their feedback.

¿QUIÉN ES QUIÉN?

In this unit you will:

- Revise the present tense
- Revise nationalities
- Revise uses of *ser* and *estar*
- Revise the use of *ir a* to express a future idea
- Practise giving information about yourself and others
- Practise talking about the organisation of a company

SECCIÓN A: INTRODUCCIÓN

E j e r c i c i o   A.1

Lee las siguientes tarjetas de visita y luego elige la respuesta adecuada.

NOMBRE	David Salter
APELLIDO	
COMPAÑÍA	DSD Marketing Ltd
CARGO	Director General
DIRECCIÓN	147 Vector Road
	South Parade
	Manchester
	MG5 7GT
TELÉFONO	(061) 572394
FAX	(061) 223974

NOMBRE	Sophie Bourdet
APELLIDO	
COMPAÑÍA	Sunny SA
CARGO	Director Comercial
DIRECCIÓN	43, rue Baumé
	73443 París
	CEDEX 16
TELÉFONO	(161) 45721034
FAX	(161) 45729901

NOMBRE	Dieter Kreiser
APELLIDO	
COMPAÑÍA	Firma Sehkraft AG
CARGO	Presidente
DIRECCIÓN	Alte Bankstraße 69
	D1000 Munich
TELÉFONO	(030) 455883
FAX	(030) 455892

7

1 El apellido de Sofie es . . .
   a Salter
   b Bourdet
2 El presidente de la compañía *Firma Sehkraft AG* es . . .
   a Dieter Kreiser
   b David Salter
3 La compañía *DSD Marketing Ltd* está en . . .
   a Manchester
   b París
4 El teléfono de SunnY SA es el . . .
   a (030) 455883
   b (161) 45721034
5 Sofie Bourdet es . . .
   a la directora comercial de *DSD Marketing Ltd*
   b la directora comercial de *SunnY SA*
6 La dirección de la firma *Sehkraft AG* es . . .
   a 147 Vector Road, South Parade, Manchester MG5 7GT
   b Alte Bankstraße 69, D01000 Berlín
7 El señor Salter es el director . . .
   a comercial de la compañía
   b general de la compañía
8 El número de fax de *Firma Sehkraft AG* es el . . .
   a (030) 455892
   b (030) 455893

 Ejercicio A.2

  1 Ahora escucha la cinta y lee los comentarios de David Salter.

> Hola. Me llamo David Salter. Soy el director general de DSD Marketing de 147 Vector Road, Manchester. El número de teléfono de la empresa es el (061) 572394. El número de fax es el (0161) 223974.

  2 Ahora escucha a Sofie Bourdet y escribe sus comentarios igual que para David.

  3 Ahora lee la tarjeta de Dieter Kreiser (mira el Ejercicio A.1) y escribe unos comentarios similares sobre él.

Ejercicio A.3

Lee la nota que Jesús Herrera envía a los otros directivos de la empresa Publica SA y contesta las preguntas por escrito.

PUBLICA SA

Memorándum

De: Jesús Herrera
Para: Elvira Zubiaga
            Mario García Barbón
            Joaquín Martín Santos
Fecha: Lunes, 7 de mayo
Asunto: Formación de la fusión de empresa

Quiero celebrar una reunión el próximo martes 15 a las 10 de la mañana para evaluar los informes de las diferentes compañías que estamos considerando para formar la empresa conjunta. La idea es tomar una decisión el martes para poder hablar con los representantes de la(s) compañía(s) elegida(s) antes de finales del mes próximo.

Como sabéis tenemos informes de tres compañías europeas, una alemana, una francesca, una inglesa y una empresa nacional. Estoy seguro de que todos tenéis una opinión sobre las ventajas o los inconvenientes de cada una. Para facilitar la marcha de la reunión podemos distribuir un resumen de nuestras conclusiones antes del martes.

El motivo de la reunión es absolutamente confidencial y es por eso que sólo vamos a estar presentes los cuatro directivos de la compañía.

---

1 ¿Qué día van a celebrar la reunión?
2 ¿Cuál es el motivo de la reunión?
3 ¿A qué hora es la reunión?
4 ¿Quiénes van a estar presentes?
5 ¿Cuándo quiere hablar Jesús Herrera con los representantes de la(s) compañía(s) elegida(s)?
6 ¿De cuántas compañías tienen informes?
7 ¿Qué quiere distribuir Jesús Herrera antes de la reunión?
8 ¿Por qué sólo van a estar presentes los cuatro directivos de la empresa?

Ejercicio A.4

Vuelve a leer el memorándum y luego di si las siguientes frases son
verdaderas o falsas.

V   F

1   La empresa se llama Herrera y Publica SA.
2   Jesús Herrera es uno de los directivos de la empresa.
3   En la reunión van a estar presentes solamente
    Elvira Zubiaga y Joaquín Martín Santos.
4   El día que se envía el memorandum es el martes 15 de mayo.
5   El apellido de Elvira es Zubiaga.
6   Los informes que tienen son de tres compañías.
    Una alemana, una francesa y una inglesa.

Ejercicio A.5

Escucha la conversación entre Jesús Herrera y Joaquín Martín Santos y
completa el siguiente diálogo. Usa las palabras y expresiones que están en
el recuadro.

JESÚS HERRERA:	....
JOAQUÍN M. SANTOS:	Hola Jesús. Soy Joaquín.
JESÚS HERRERA:	Hola Joaquín. ¿...... ....?
JOAQUÍN M. SANTOS:	Bien. Mira, es sobre .... del martes.
JESÚS HERRERA:	¿Qué pasa?
JOAQUÍN M. SANTOS:	El martes .... una comida con unos compañeros de promoción. .... juntos porque vamos a charlar sobre la posibilidad de formar .... de agentes publicitarios...
JESÚS HERRERA:	Hmm... .... que la reunión del martes tiene prioridad. Además .... de la asociación profesional ....
JOAQUÍN M. SANTOS:	.... pienso que debemos tener un representante de la compañía en ese almuerzo.
JESÚS HERRERA:	Sí, sí ...., pero tú no puedes ir.
JOAQUÍN M. SANTOS:	Bueno, muy bien. Entonces ¿a quién sugieres ...?
JESÚS HERRERA:	¿Por qué no mandas a Laura?
JOAQUÍN M. SANTOS:	Sí, es una buena idea .... Además .... del tema.

la formación	*está al tanto*	*qué tal*
una asociación	*puede esperar*	*tengo*
dígame	*la reunión*	*vamos a almorzar*
yo, creo	*sin embargo*	*estoy de acuerdo*

E j e r c i c i o   A.6

Ahora tú vas a adoptar el papel de Jesús Herrera. Escucha la cinta y di tu parte.

JESÚS HERRERA:	....
JOAQUÍN M. SANTOS:	Hola Jesús. Soy Joaquín.
JESÚS HERRERA:	......
JOAQUÍN M. SANTOS:	Bien. Mira, es sobre la reunión del martes.
JESÚS HERRERA:	......
JOAQUÍN M. SANTOS:	El martes tengo una comida con unos compañeros de promoción. Vamos a almorzar juntos porque vamos a charlar sobre la posibilidad de formar una asociación de agentes publicitarios.
JESÚS HERRERA:	......
JOAQUÍN M. SANTOS:	Sin embargo pienso que debemos tener un representante de la compañía en ese almuerzo.
JESÚS HERRERA:	......
JOAQUÍN M. SANTOS:	Bueno, muy bien. Entonces ¿a, quién sugieres?
JESÚS HERRERA:	......
JOAQUÍN M. SANTOS:	Sí, es una buena idea. Además está al tanto del tema.

E j e r c i c i o   A.7

Lee el siguiente texto.

CARMEN IZQUIERDO (de 27 años). Licenciada en Filologia Hispanica y dominante del Inglés, cobra 2,5 millones al año como empleada de banca. Ya no tiene otras aspiraciones que la estabilidad en el trabajo. "Si no tengo que luchar por la libertad, contra qué voy a luchar?".

JOSÉ ANTONIO ALCOCEBA (de 26 años). Hace dos años que acabó Periodismo y está en paro. No desespera: "Algo me saldrá de aquí a los 65". Vive con sus padres y no vota. "Los políticos no ven la realidad".

SANTI PALOMINO (de 29 años). Este propietario de un bar de copas es la personificación del tan cacareado desencanto. Creía en los políticos y en el compromiso, pero episodios como el de la *ley Corcuera* o la guerra del Golfo le han bajado de la nubes. Ahora sólo se comprometería, "a su modo" con la ecología.

a Contesta las siguientes preguntas.

1 ¿Quién está en paro?
2 ¿Quién tiene un bar?
3 ¿Quién es la persona que sólo quiere la estabilidad en el trabajo?
4 ¿Dónde trabaja Carmen Izquierdo?
5 ¿Cuál de los tres es optimista?
6 ¿Cuál de los tres habla inglés?
7 ¿Quién no ve la realidad según José Antonio Alcoceba?
8 ¿Quién está licenciado en periodismo?
9 ¿Quién está comprometido con la ecología?
10 ¿Cuánto gana Carmen Izquierdo?

b Conecta las palabras (1–6) con sus sinónimas (a–f).

1 paro   **a** hablado
2 cobra   **b** desilusión
3 trabajo   **c** desempleo
4 propietario   **d** gana
5 cacareado   **e** empleo
6 desencanto   **f** dueño

SECCIÓN B: CONSOLIDACIÓN

E j e r c i c i o   B.1

Lee el siguiente texto y escribe, en los espacios en blanco, el verbo adecuado en la persona correspondiente. Usa los verbos del recuadro.

Jesús Herrera .... celebrar una reunión el próximo martes 15 a las 10 de la mañana porque .... evaluar los informes de las diferentes compañías que .... considerando, para formar una fusión de empresas. El señor Herrera y los otros .... tomar una decisión el martes porque él .... hablar con los representantes de las otras compañías antes del mes de junio. Todos .... los informes de las compañías y .... de acuerdo en la fecha de la reunión excepto Joaquín que .... otro día porque ese martes .... un almuerzo. Sin embargo no .... ir al almuerzo.

tener	*pretender*	*estar*
poder	*preferir*	*querer*
estar	*desear*	*tener*
necesitar		

E j e r c i c i o   B.2

Relaciona las frases que tienen un significado similar.

1 ¡Muy bien!
2 Está al tanto.
3 Vamos a charlar.
4 Además ...
5 Tomar una decisión.
6 Para facilitar la marcha de la reunión.

a Por otro lado...
b Para hacer más fácil el desarrollo de la asamblea.
c Conoce el tema.
d Llegar a una conclusión.
e Vamos a hablar ...
f ¡Buena idea!

E j e r c i c i o   B.3

Joaquín Martín Santos habla con un compañero sobre el almuerzo. Escucha la conversación en la cinta. Después rellena los espacios en blanco con la forma adecuada del verbo **ir** y elige uno de los verbos que están en el recuadro para completar la frase.

volver	*tener*	*escribir*
almorzar	*terminar*	*venir*
hacer	*ir*	

13

1 ¿A qué hora .... a .... usted?
2 Laura .... a .... al almuerzo.
3 Algunos .... a .... al trabajo.
4 Yo no .... a .... el martes.
5 Antonio y yo .... a .... un borrador.
6 ¿Por qué tú no .... a .... al restaurante?
7 Nosotros .... a ....una reunión.
8 ¿Qué .... a ....vosotros después?

E j e r c i c i o B.4

Mira el programa para una serie de conferencias sobre publicidad. Luego completa la fichas con la información correcta. En cada ficha te damos una solución.

Conferencias sobre la publicidad en Europa.

MADRID

Ponente	Título de la Ponencia	Fecha	Hora	Lugar
			18.30-20.30	Cámara de Comercio de Madrid
Francisco Soto	La prensa como medio publicitario	Martes 23 de enero		
		Lunes 10 de marzo	16.00-18.30	Universidad Complutense
David Salter	La publicidad en Gran Bretaña		15.30-17.30	Asociación de la Prensa
		Jueves 12 de abril		
Sophie Bourdet	La inversión publicitaria en Europa		11.30-14.00	Ministerio de Cultura
		Viernes 17 de septiembre		
Dieter Kreiser & Hans van der Loom	La publicidad transcultural. Un caso europeo.			

NOMBRE(S):
¿ De qué va a hablar?
¿ Que día va a ser?
¿ A qué hora va a comenzar? A las tres y media
¿ Cuánto tiempo va a durar?
¿ Dónde va a ser?

NOMBRE(S):

¿ De qué va a hablar?

¿ Que día va a ser?

¿ A qué hora va a comenzar?

¿ Cuánto tiempo va a durar?

¿ Dónde va a ser?   El el Ministerio de Cultura

NOMBRE(S):

¿ De qué va a hablar?

¿ Que día va a ser?   El lunes 10 de marzo

¿ A qué hora va a comenzar?

¿ Cuánto tiempo va a durar?

¿ Dónde va a ser?

USOS DE SER Y ESTAR

1   El verbo **ser** se utiliza para expresar:
*   la identidad o para identificar algo o a alguien:

    –   *¿Quién **es** usted?*
    –   ***Soy** Elvira Zubiaga.*   (identidad)

    –   *¿Qué **es** eso?*
    –   ***Es** un ordenador portátil.*   (identificación)

    –   *¿Quiénes **son** esos señores?*
    –   ***Son** los ponentes de la conferencia.*   (identificación)

*   la profesión, actividad:

    –   *¿Qué **es** Elvira Zubiaga?*
    –   ***Es** economista.*   (profesión)
    –   ***Es** la directora de finanzas de Publica.*   (actividad)

*   la nacionalidad:

    –   *¿De dónde **es** Jesús?*
    –   ***Es** de España.*

*   la hora, fechas, cantidad, precio:

    –   *¿Qué hora **es**?*
    –   ***Son** las ocho.*   (la hora)

15

– *¿Qué día es hoy?*
– *Hoy es lunes.*   (fecha)

– *¿Cuántos son?*
– *Son veinticinco.*   (cantidad)

– *¿Cuánto es?*
– *Son tres mil pesetas.*   (precio)

● y con la preposición **de** para indicar materia, posesión, origen:

– *¿De qué es la calculadora?*
– *Es de plástico.*   (materia)

– *¿De quién es?*
– *Es de Carlota.*   (posesión)

– *¿De dónde es Elvira Zubiaga?*
– *Es de Pamplona.*   (origen)

2 El verbo **estar** se usa para expresar:
● situación:

– *¿Dónde está Granada?*
– *Está en el sur de España.*

– *¿Dónde están las oficinas de Publica?*
– *Están en el centro de Madrid.*

● un estado físico o mental:

– *¿Cómo está Joaquín?*
– *Está bien.*

– *¿Cómo está la situación económica.*
– *Está regular.*

– *¿Cómo están en Etiopía?*
– *Están mal.*

3 Con adjetivos el verbo:

● **ser** se usa para expresar cualidades permanentes:

Elvira es muy inteligente.
Jesús es simpático.
Los ordenadores portátiles son muy útiles.

● **estar** se usa para expresar características temporales:

El café está frío.
Sara está nerviosa, porque va a tener una entrevista.
La oficina está desordenada.

4 Algunos adjetivos cambian de significado según se usan con **ser** o con **estar**:

malo callado aburrido bueno listo pesado alegre rico

Cristina es lista.   (persona inteligente)
Cristina está lista.   (preparada para hacer algo)

*Luis **está** callado.*   (hoy no habla mucho)
*Luis **es** callado.*   (es su personalidad)

5   Con el participio (terminaciones: –ado/–ido):

- **Ser** se usa para formar la voz pasiva:

  ***Es elegido** presidente de la compañía, en el año 1987.*

- **Estar** se usa para expresar el resultado de una acción anterior:

  *La fotocopiadora ya **está reparada**.*

Otros usos de estar

1   El verbo **estar** se usa con el gerundio (terminaciones: –**ando**/–**iendo**) para construir la forma continua:

*Los directores de Publica **están hablando** sobre las tres compañías extranjeras.*
*Ella **está escribiendo** el informe sobre la compañía.*

2   El verbo **estar** se utiliza en muchas expresiones hechas:

estar al tanto	estar de acuerdo
estar de viaje	estar de vacaciones
estar de vuelta	estar de pie/sentado
estar de moda	está bien
¿estamos? (de acuerdo)	etc.

E j e r c i c i o   B.5

a   Escribe la forma correcta del verbo **ser** or **estar** en las frases.

1   Yo .... el director.
2   Laura .... al tanto.
3   El motivo de la reunión .... confidencial.
4   Las conferencias .... el martes y el jueves.
5   Ellas .... españolas.
6   Los borradores de la reunión .... en el despacho.
7   Nosotros .... de acuerdo.
8   Estas botellas .... de plástico.

b   Transforma las siguientes frases, utilizando el verbo **estar**, sin cambiar el sentido de las mismas.

1   Ellos no tienen la misma opinión.
     Ellos no ...
2   María no se encuentra en la oficina porque esta es su semana de vacaciones.
     María ...
3   Juan va a regresar mañana.
     Juan va a ...

4 Ellos saben todo sobre ese asunto.
  Ellos ...
5 Yo creo que este ordenador sirve.
  Yo creo que este ordenador ...
6 ¿Se encuentra Jorge?
  ¿... Jorge?

E j e r c i c i o   B.6
La secretaria de la Conferencia sobre la Publicidad mezcla las tarjetas de algunos asistentes. Ayúdala a colocar cada personaje con su nacionalidad correspondiente.

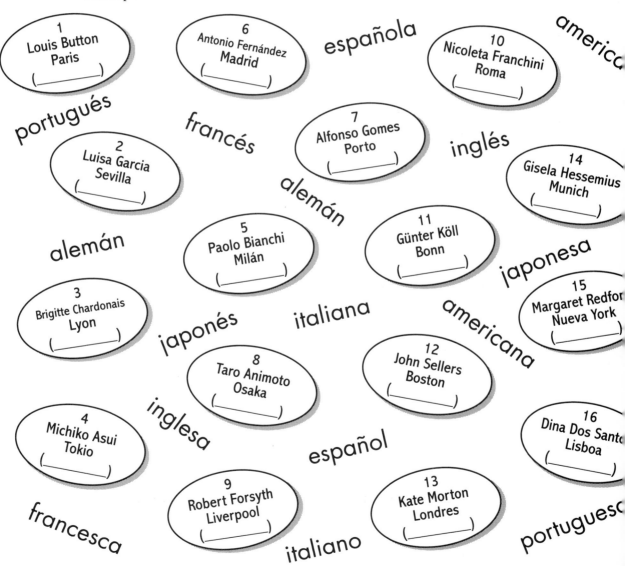

USOS DE POR Y PARA

1 La preposición **por** expresa:

- causa, razón o motivo:

  Llegamos tarde por el tráfico.
  Trabajo sólo por el dinero.

- tiempo:

  Nos vamos por la mañana.

- lugar no muy preciso:

  Las oficinas están por el centro.

- medio o manera:

  Envía las cartas por avión

- precio:

  Alquilan las oficinas por 25.000 pesetas mensuales.

- y en muchas frases hechas:

  por favor   por ahora
  por primera/última vez   por eso
  por ejemplo   etc.

2 La preposición **para** expresa:

- finalidad, destino:

  Los informes son para el director.

- destino o dirección en el espacio:

  Se van para Londres mañana.

- fin de un plazo de tiempo:

  Quiero el informe para esta tarde.

- antes de un verbo en infinitivo indica el objetivo o fin de la acción:

  Para hablar bien el español hay que practicar mucho.

Ejercicio B.7

Completa las siguientes frases utilizando **por** o **para**.

1 ¿.......... qué no mandas a Laura?

2 Vamos a distribuir un informe preliminar .... facilitar la marcha de la reunión.

3 El motivo de la reunión es confidencial, ... eso sólo vamos a estar presentes nosotros.

4 ¿A qué hora comienza la conferencia .... favor?

5 Ellos están aquí .... formar una empresa conjunta.

6 Necesitamos los datos .... evaluar el progreso.

SECCIÓN C: COMUNICACIÓN

Ejercicio C.1

Completa el siguiente diálogo. Puedes comparar tus respuestas con las respuestas en la cinta.

Eres Fernando Quesada. Quieres reservar una mesa en el restaurante Los Olmos para un almuerzo de unas 10 personas. Quieres la mesa para el martes y vais a llegar sobre la una.

- Restaurante Los Olmos. Dígame.
- Hola, buenos días. ....
- ¿Para cuándo, señor?
- ....
- ¿A qué hora?
- ....
- Y ¿para cuántas personas?
- ....
- Un momento, por favor... Sí tenemos una mesa libre. ¿A qué nombre?
- ....
- Muy bien. Hasta el martes.
- ....

Ejercicio C.2

Completa el siguiente diálogo. Puedes comparar tus respuestas con las respuestas en la cinta.

Eres Colin Matthews. Quieres reservar una habitación en el Hotel Europa. Vas a llegar el día 28 de mayo y quieres una habitación sencilla con baño. Vas a estar tres noches. También quieres saber cuánto cuesta la habitación por noche.

- Buenas tardes. Hotel Europa. Dígame.
- Buenas tardes. Quiero ....
- ¿Quiere una habitación doble o sencilla?
- ....
- ¿Para cuándo la quiere?
- ....
- ¿Y para cuántas noches?
- ......
- Muy bien señor. Una habitación sencilla con baño del 28 al 31 de mayo. ¿Cuál es su nombre, por favor?
- .... ¿............. ....?

– Son ocho mil novecientas pesetas por noche.

– ....

– De nada. Adiós.

E j e r c i c i o   C.3

Mira el organigrama de una agencia de publicidad. Faltan los nombres de algunos departamentos. Lee el texto y completa el organigrama.

Hay cuatro departamentos principales en una agencia de publicidad. Está el Departamento de Servicios Creativos donde elaboran el mensaje publicitario. Para esto el departamento tiene dos secciones; una sección de Arte y otra de Redacción de Textos. El Departamento de Marketing también tiene dos secciones. Una es la sección de Medios y la otra la de Investigación. El Departamento de Cuentas controla a los Ejecutivos de Cuentas. Su función es coordinar los trabajos de los diferentes departamentos. El Departamento de Administración es responsable de las relaciones con los bancos, los clientes y los proveedores y también de la función del personal dentro de la empresa.

E j e r c i c i o   C.4

Trabajo en parejas

La persona A debe trabajar con la información en esta página y la persona B con la información en la página 195.

Persona A

1 Aquí tienes el organigrama de tu empresa. Describe la organización a la persona B. La persona B debe rellenar el organigrama según tu descripción.

2 Escucha la descripción de la organización de la empresa de la persona B y completa el organigrama según su descripción.

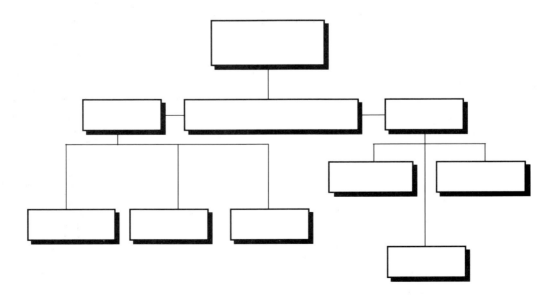

Ejercicio   C.5
Trabajo en grupos

ABCABC

COMO ANUNCIARSE EN LA SECCION DE
NUNCIOS POR PALABRAS

1. Mediante una Agencia de Publicidad.
2. Personalmente en la calle Serrano, 86 o Juan Ignacio Luca de Tena, 7.
3. Utilizando el CUPON adjunto y enviándolo a ABC-Publicidad.
   Juan Ignacio Luca de Tena, 7, 28027 MADRID.

Forma de pago: TARJETA DE CREDITO(1). TALON (2).

CUPON DE INSERCION
ANUNCIANTE

Nombre ....

Dirección .... Población ....

Teléfono .... SECCION

TEXTO DEL ANUNCIO

.... Total palabras ....

Días de inserción ....

COSTE DEL ANUNCIO

Laborables: 115 ptas. cada palabra. Mínimo tres palabras.
Domingos: 144 ptas. cada palabra. Mínimo tres palabras.
Estos precios son por inserción e incluyen el IVA.

(1)DATOS TARJETA

Núm. Tarjeta

Fecha
de caducidad   MES   AÑO

D.N.I.

(2)Calcule el importe e incluya en el envío talón bancario,
nominativo, a favor de **PRENSA ESPAÑOLA, S. A.**
La publicación de los anuncios se efectuará, como mínimo,
a las cuarenta y ocho horas de su recepción.

VISA

MasterCard

Diners Club
Inter

CAJA DE MADRID

AMERICAN
EXPRESS

Mirad el cupón de inserción que explica cómo poner un anuncio en un periódico. Después:

a Decidid qué tipo de servicio o producto que queréis anunciar (venta, compra, alquiler, clases, etc.) y preparad el mensaje.

b Escribid el mensaje y rellenad el cupón con todos lo datos que piden.

c Calculad cuánto os va a costar.

¿DÓNDE ESTÁ?

In this unit you will:

- Revise the use of *se*
- Revise the use of complement pronouns
- Revise the use of comparatives and superlatives
- Practise using numbers and figures
- Practise describing location

SECCIÓN A: INTRODUCCIÓN

E j e r c i c i o   A.1

Lee la siguiente nota sobre *DSD Marketing Ltd* y luego contesta las preguntas.

Confidencial

Notas Preliminares de las compañías que van a venir para discutir la posibilidad de una asociación de empresas con Publica S.A.

1. *DSD Marketing Ltd*

147 Vector Road, South Parade, Manchester, MG5 7GT, Inglaterra.

Esta es una compañía pequeña, pero está creciendo. Se dedica principalmente a las relaciones públicas y la publicidad exterior, en vallas, transportes públicos etcétera. El director, David Salter, trabaja en la empresa desde su fundación y es uno de los socios fundadores. En la compañía hay dos directores más. Tiene 10 empleados y trabaja principalmente en el noroeste, pero tiene contactos en toda Gran Bretaña. Se dice que tiene contactos con algunas empresas europeas pero todavía no posee mucha experiencia en Europa. Sin embargo su futuro es prometedor. Su crecimiento es constante y sin grandes altibajos.

2. *SUNNY SA*

43 rue Baumé, 73443 París, Francia

Esta compañía francesa...

---

1   ¿Qué clase de compañía es *DSD Marketing Ltd*?
2   ¿A qué se dedica principalmente?
3   ¿Cómo se llama su director gerente?
4   ¿Desde cuándo trabaja en *DSD Marketing Ltd*?
5   ¿Cuántos directores más hay en la compañía?
6   ¿Cuántos empleados hay en *DSD Marketing Ltd*?
7   ¿Dónde trabaja principalmente?
8   ¿En qué otras partes tiene contactos?
9   ¿Qué experiencia tiene en Europa?
10 ¿Cómo es su futuro?
11 ¿Por qué?

E j e r c i c i o   A.2

Ahora escucha la cinta y completa la descripción de la compañía *SunnY SA*.
Escúchala las veces que sean necesarias.

SunnY SA
43 rue Baumé, 73443 París, Francia

Esta compañía francesa .... en organizar presentaciones y
mantener relaciones con la prensa para .... clientes. También coordina
.... aspectos de la publicidad de sus ...., que son unas
multinacionales en París y algunas empresas nacionales. Trabaja casi
exclusivamente en la capital ...., aunque, a través de sus ....
con compañías ...., alemanas e ...., tiene contactos
internacionales. La empresa la lleva Sophie Bourdet, como directora
comercial, con .... marido, Jean Pascal Bourdet, y tiene cinco empleados
fijos. .... impresión es que la empresa trata de hacer .... con
.... recursos y están .... al máximo. No sé si van a tener tiempo
para .... a una asociación de empresas en este momento.

E j e r c i c i o   A.3

Ahora escucha el informe sobre la compañía alemana, *Firma Sehkraft AG* y
escríbe lo que dice.
Para ayudarte, aquí tienes algunas de las palabras que aparecen en la
grabación:

prestigio	*distribución*	*prensa*
dirigida	*consejo*	*presencia*
territorio	*estrategia*	*gastos*

Ejercicio A.4

a Una empresa de Taiwan, que fabrica ropa, tiene varios agentes en Europa. Mira el mapa y completa la información para cada país, según los ejemplos.

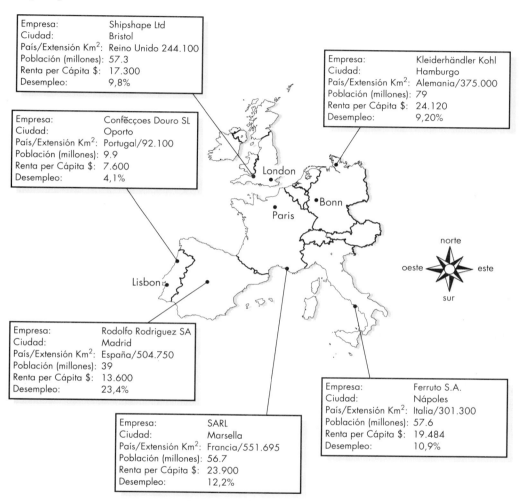

Empresa: Shipshape Ltd
Ciudad: Bristol
País/Extensión Km^2: Reino Unido 244.100
Población (millones):   57.3
Renta per Cápita $:   17.300
Desempleo: 9,8%

Empresa: Kleiderhändler Kohl
Ciudad: Hamburgo
País/Extensión Km^2: Alemania/375.000
Población (millones):   79
Renta per Cápita $:   24.120
Desempleo: 9,20%

Empresa: Confêcçoes Douro SL
Ciudad: Oporto
País/Extensión Km^2: Portugal/92.100
Población (millones):   9.9
Renta per Cápita $:   7.600
Desempleo: 4,1%

Empresa: Rodolfo Rodriguez SA
Ciudad: Madrid
País/Extensión Km^2: España/504.750
Población (millones):   39
Renta per Cápita $:   13.600
Desempleo: 23,4%

Empresa: SARL
Ciudad: Marsella
País/Extensión Km^2: Francia/551.695
Población (millones):   56.7
Renta per Cápita $:   23.900
Desempleo: 12,2%

Empresa: Ferruto S.A.
Ciudad: Nápoles
País/Extensión Km^2: Italia/301.300
Población (millones):   57.6
Renta per Cápita $:   19.484
Desempleo: 10,9%

1 a *Es una empresa británica que se llama Shipshape Ltd.*
   b
   c
   d
   e

2 a
   b
   c
   d
   e *El nivel de desempleo es del 23,4%.*

3 **a**

b

c *Está en Portugal que tiene una extensión de noventa y dos mil cien kilómetros cuadrados.*

d

e

4 **a**

b *Tiene su oficina principal en Hamburgo que está en el norte del país.*

c

d

e

5 **a**

b

c

d *Tiene una población de 56,7 millones de habitantes.*

e

6 **a**

b

c

d *Su renta per cápita es de diecinueve mil cuatrocientos ochenta y cuatro dólares.*

e

b Ahora escribe frases según el ejemplo.

   1 Francia/grande/España
Francia es más grande que España.

     Italia/grande/Inglaterra
     Portugal/pequeño/Italia
     Alemania/grande/Italia

   2 Renta per cápita/Portugal/España
La renta per cápita en Portugal no es tan alta como en España.

     Renta per cápita/Italia/Francia
     Renta per cápita/España/Ingalterra
     Renta per cápita/Portugal/España

   3 El desempleo/bajo/Alemania/Inglaterra
El desempleo en Alemania (un 8,0%) es más bajo que en Inglaterra (un 8,8%)

     El paro/alto/España/Francia
     El paro/bajo/Italia/Francia
     El paro/bajo/Portugal/los demás países

c   Completa las frases:

1   El país que tiene el nivel de renta per cápita más bajo es ....

2   El país con la mayor población es ....

3   El país que tiene el menor porcentaje de desempleados es ....

4   El país que tiene la mayor extensión es ....

E j e r c i c i o   A.5

Averigua la nacionalidad de cada una de las personas que hablan. Te damos las nacionalidades, pero todas están en la forma masculina singular. Escribe la forma correcta.

canadiense	*chileno*	*suizo*
griego	*venezolano*	*mejicano*
holandés	*ruso*	*irlandés*
sueco		

E j e r c i c i o   A.6

Los directores de Publica SA están hablando de las tres compañías extranjeras. Están reunidos Jesús Herrera, Elvira Zubiaga, Mario García Barbón y Joaquín Martín Santos.
Antes de escuchar la conversación lee las siguientes frases.
Corresponden a sus opiniones. Luego escucha la cinta.
Finalmente escribe, en el casillero correspondiente, el número relacionado con la frase que dice cada uno.

Joaquín	Mario	Elvira	Jesús

1   Prefiero la empresa alemana porque es la más grande de las tres.

2   La compañía alemana está pasando por un periodo de grandes inversiones.

3   La compañía DSD no es tan importante como *Firma Sehkraft*.

4   Las únicas empresas cuyos perfiles encajan con la nuestra son la inglesa y la alemana.

5   Me parece que nadie está a favor de la compañía francesa.

6   La compañía francesa es la más pequeña y realmente no puede competir con las otras.

7   La empresa alemana puede llegar a dominarnos.

8   Firma Sehkraft es una compañía fuerte.

9 DSD me parece muy interesante porque tenemos muchas cosas en común.

10 Si nos asociamos con la compañía francesa, nos veo haciendo la mayor parte del trabajo.

 E j e r c i c i o A.7

Vuelve a escuchar la cinta. Según la conversación entre los directivos de Publica SA, las frases siguientes no son correctas. Corrígelas, escogiendo la frase adecuada de entre las que están en el recuadro. Luego complétalas con las razones que da cada uno de los directivos. Finalmente lee cada frase en voz alta.

1 Elvira prefiere la empresa alemana.

2 Mario cree que la compañía DSD es tan importante como Firma Sehkraft.

3 Elvira está de acuerdo con Joaquín en que la compañía francesa es demasiado grande.

4 A Jesús le gusta la compañía DSD porque le gusta la organización y la creatividad.

5 Jesús está a favor de Sunny porque es una compañía fuerte y atractiva.

6 Joaquín opina que Firma Sehkraft es una alternativa porque está pasando por un periodo de muchas inversiones.

> **a** No. a Jesús le gusta la compañía DSD porque ...
> **b** No. Es Mario quien prefiere la empresa alemana porque ...
> **c** No. Jesús está a favor de Sunny porque ...
> **d** No. Joaquín opina que Firma Sehkraft es una alternativa porque
> **e** No. Elvira está de acuerdo con Mario porque ...
> **f** No. Mario cree que la compañía DSD no es tan importante como Firma Sehkraft porque ...

E j e r c i c i o A.8

Lee el siguiente texto.

a Contesta las siguientes preguntas.

1 ¿Cuántas horas trabaja al día?

2 ¿Por qué trabaja tanto?

3 ¿Qué porcentaje de Tapsa pertenece a NW Ayer?

4 Según Fernando Ocaña ¿qué tres cosas hacen falta para tener grandes clientes?

PISTAS

"El mercado publicitario continuará su expansión al menos durante tres años más". Un desaforado crecimiento que Tapsa/NW Ayer ha vivido en primera fila, con alzas anuales de sus ingresos brutos superiores al 50% desde 1983. Y con Fernando Ocaña siempre al timón, primero como director general y, desde 1986, como presidente.

Ha tenido que dedicarle mucho tiempo al trabajo para llegar a la cumbre: entre diez y doce horas diarias. "Pero, a diferencia de Berlusconi, para quien el trabajo no es un medio, sino un fin, yo lo utilizo para conseguir unos fines personales y profesionales".

Ahora, este sevillano de 41 años preside una Tapsa bien diferente a la diminuta agencia en la que entró en 1981 procedente de RJ Reynolds. Entonces, pequeña e independiente; ahora, grande —la mayor— y controlada —86%— por la multinacional estadounidense NW Ayer. Una participación extranjera a la que no es ajena ninguna de las veinte primeras agencias del país, porque "es imposible tener grandes clientes sin información, red y soportes internacionales".

5 ¿Cuánto tiempo lleva Fernando Ocaña trabajando en la empresa?

6 ¿Qué dos puestos ha ocupado en la compañía?

7 ¿Qué ha subido un 50% desde 1983?

8 ¿Qué característica común tienen las primeras 20 agencias del país?

b Conecta las palabras con su definición correspondiente, según su contexto en el artículo.

1 cumbre	**a**	Gobierno o dirección de algo.	
2 diminuta	**b**	Aumentos de precios o valor.	
3 ajena	**c**	Punto más elevado que puede alcanzar una persona.	
4 participación			
5 timón	**d**	De tamaño muy pequeño.	
6 alzas	**e**	Lejano; que no afecta o interesa a nadie.	
	f	Cantidad de acciones de una empresa que son propiedad de una persona o empresa.	

SECCIÓN B: CONSOLIDACIÓN

USOS DEL PRONOMBRE SE

a Sentido reflexivo: el sujeto ejecuta y recibe la acción.

*Jesús **se** levanta todos los días a las siete de la mañana.*

b Sentido recíproco: los sujetos ejecutan y reciben la acción.

*Joaquín y Elvira **se** ven todos los días en la oficina.*

c Sentido pasivo: cuando el sujeto no ejecuta la acción.

***Se** dice que DSD tiene contactos con otras compañías.*

En esos casos, el pronombre **se** precede al verbo.

E j e r c i c i o   B.1

a Elige el verbo adecuado para completar las siguientes frases.

| *marcharse* | *especializarse* | *quedarse* | *dedicarse* |

1 Mi empresa .... a la fabricación de productos plásticos.
2 Las secretarias .... de la oficina a las 7.30.
3 Land Rover .... en la fabricación de coches todo terreno.
4 Anthony y Peter .... en España hasta mayo.

b Elige el verbo adecuado para completar las siguientes frases.

| *ayudarse* | *parecerse* | *telefonearse* | *conocerse* |

1 Cuando están preparando un nuevo contrato .... varias veces al día.
2 Como son amigos .... en los momentos difíciles.
3 Jesús Herrera y David Salter .... desde julio del año pasado.
4 Los dos productos .... mucho.

c Elige el verbo adecuado para completar las siguientes frases. Recuerda que debes usar **se**.

| *usar* | *comentar* | *hablar* | *vender* |

1 .... que Publica SA va a unirse con una empresa europea.
2 ¿Dónde .... coches de ocasión?
3 En la comida española .... mucho aceite y ajo.
4 En España .... catalán, gallego y vasco, además del castellano.

d Forma seis frases distintas con el pronombre **se** y un elemento de cada columna:

	necesitan	bien en España
	buscan	traducciones al inglés
se	alquilan	en todas las reuniones
	duerme	secretaria bilingüe
	vive	socios capitalistas
	hacen	dos oficinas en el centro

EXPRESANDO LOCALIZACIÓN

Para decir donde están las cosas se utilizan las preposiciones y expresiones siguientes: **en**, **entre**, **encima de**, **delante de**, **detrás de**, **a la derecha**, **a la izquierda**, etc.

Para dar direcciones se puede utilizar verbos como: **subir**, **bajar**, **seguir**, **torcer**, **coger**, **girar**, **cruzar**, etc.

E j e r c i c i o   B.2

Edificios de interés

1. **Plaza de Toros**
2. **Colegio Arz. Fonseca Irlandeses**
3. **Convento de la Ursulas**
4. **Iglesia de los Capuchinos**
5. **Iglesia de la Purísima**
6. **Iglesia de San Martín**
7. **Iglesia de Sancti Spiritus**
8. **Clerecía**
9. **Casa de la Conchas**
10. **Palacio de la Salina**
11. **Escuelas Menores**
12. **Universidad**
13. **Palacio de Anaya**
14. **Catedral**
15. **Convento y Museo de la Dueñas**
16. **Convento Jesuitas San Román**
17. **Convento de las Claras**
18. **San Esteban Dominicos**
19. **Calatrava**

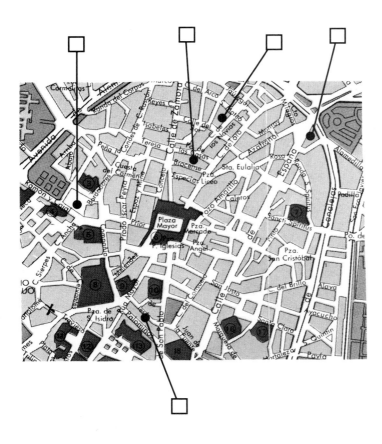

Mira el plano del centro de la ciudad y escucha la cinta del contestador automático de Joaquín. Luego indica la localización de los siguientes sitios con la letra correspondiente. Para la 'd' marca la ruta en el plano.

a El Restaurante La Plaza   **d** Una oficina para alquilar
b Informatix   **e** La oficina del abogado
c La oficina de Jorge

PRONOMBRES DE COMPLEMENTO 1

Cuando los pronombres personales funcionan como **complemento directo** toman la siguiente forma:

singular: **me te lo/la**   plural: **nos os los/las**

Usamos estos pronombres para sustituirlos por un sustantivo cuando sabemos de qué o quién estamos hablando. Se colocan antes del verbo o después cuando está en el modo infinitivo o imperativo. Así:

Joaquín lee el informe = Joaquín **lo** lee
Lee el informe = Léelo

Ejercicio B.3

Escribe las siguientes frases sustituyendo las palabras en cursiva por la forma correcta del pronombre de complemento directo.

1 Yo preparo *los informes*.
2 La directora visita *la nueva oficina*.
3 Elvira ve *a Joaquín* todos los días.
4 Ellos ya tienen *el pasaporte*.

PRONOMBRES DE COMPLEMENTO 2

Cuando los pronombres personales funcionan como **complemento indirecto** toman la misma forma que los pronombres de complemento directo excepto en la tercera persona. En singular el pronombre de complemento indirecto es **le** y **les** en el plural.

singular: **me te le**   plural: **nos os les**

Ejercicio B.4

Escribe las siguientes frases sustituyendo las palabras en cursiva por la forma correcta del pronombre de complemento indirecto.

1 El jefe de personal promete una compensación *a los despedidos*.
2 Elvira da el informe *a la secretaria*.
3 ¿Vas a mandar una copia *a Magdalena y Julia*?
4 Joaquín explica el problema *a Mario*.

Ejercicio B.5

Completa los siguientes diálogos con el pronombre de complemento adecuado.

1 – ¿Cuándo van a tener la última reunión?
– .... van a tener en julio.

2 – Jesús está muy callado, ¿no?
– Sí, ¿qué .... pasa?

3 – ¿Quién está redactando los informes?
– .... está redactando Juan.

4 – ¿Cómo os van a mandar las muestras?
– .... las van a mandar por correo.

5 – ¿Vas a ir a las conferencias sobre diseño?
– Sólo voy a ir a una. .... del martes a las 5.

6 – ¿Quién va a avisar a Luis y Carlos?
– Yo .... aviso.

7 – ¿Nos vas a decir qué decisión se toma en la reunión?
– Sí, ... voy a dar un resumen mañana.

8 – Me gustan mucho las motos japonesas, y ¿tú Juan, qué opinas, qué .... parecen?
– Prefiero .... italianas.

9 – Mañana no voy a venir a trabajar.
– ¿Por qué?
– No .... siento bien.

Comparativos y Superlativos de los Adjetivos

1   Existen tres niveles de comparación:
- Igualdad: **tan** ... (adjetivo) ... **como**

  *Mario es **tan** inteligente **como** Elvira.*

- Superioridad: **más** ... (adjetivo) ... **que**

  *La compañía DSD tiene **más** experiencia **que** las otras dos.*

- Inferioridad: **menos** ... (adjetivo) ... **que**

  *El ordenador Naranja es **menos** eficiente **que** el Apple.*

- Los comparativos irregulares son:

bueno/a	⟶	mejor
malo/a	⟶	peor
pequeño/a	⟶	menor*
grande	⟶	mayor*

*Cuando **mayor** y **menor** se refieren a personas, significa: **más/menos viejo**.
Cuando se refiere a cosas normalmente se usa: **más grande/pequeño**.

> *Jesús Herrera es **mayor** que Mario.*
> *La empresa alemana es **más grande** que la francesa.*

2 El superlativo de los adjetivos se forma:

> **El/la más** ... (adjetivo) ... **de**
> **El/la menos** ... (adjetivo) ... **de**
> **Muy** (adjetivo)

Añadiendo la terminación **-ísimo/a** al adejtivo.
*La empresa alemana es l**a más grande de** las tres.*

De los Sustantivos

Es exactamente igual que para los adjetivos a excepción del comparativo de igualdad que es: **Tanto/a/s** ... (sustantivo) ... **como**

> *Tenemos **tantos** empleados **como** la empresa inglesa.*
> *En la oficina central hay **tantas** secretarias **como** en la sucursal.*
> *Este mes no tengo **tanto** trabajo **como** el mes pasado.*

Nota: Antes de un número, se sustituye **que** por **de**:

> *Cuesta **más de** 15.000 pesetas.*

De los Adverbios

Es exactamente igual que en los adjetivos a excepción de:

Bien	→	Mejor que	→	El/la/los/las	que mejor
Mucho	→	Más que	→	El/la/los/las	que más
Poco	→	Menos que	→	El/la/los/las	que menos
Mal	→	Peor que	→	El/la/los/las	que peor

> *Elvira habla **bien** inglés.*
> *Elvira habla inglés **mejor que** Joaquín.*
> *Elvira es **la que mejor** habla inglés en Publica.*

Ejercicio B.6

Completa las siguientes frases según las indicaciones entre paréntesis. Utiliza el sustantivo, adjetivo o adverbio adecuado, de entre los que están en el recuadro, en su forma correcta:

tráfico	*bueno*	*dinero*
grande	*peor*	*caro*
menos	*rápido*	

1 Carlos gana .... yo.
(Yo gano 3 millones al año y Carlos 7 millones.)

2 La oficina de Jesús es .... todas.
(La oficina de Jesús mide más que ninguna otra en Publica.)

3 Esta impresora es .... aquélla.
(Esta impresora imprime 45 páginas por minuto y aquélla sólo 30.)

4 Las referencias de este candidato son .... las del otro. (Las referencias de los dos candidatos son muy buenas.)

5 El hotel San Marcos es .... el Rey de León.
(El precio de una habitación sencilla en el hotel San Marcos es de 10.000 pesetas por noche y el del hotel Rey de León también.)

6 Las condiciones de este vendedor son .... las que nos ofrece Alberto Colina.
(Alberto Colina se compromete a entregar la mercancía en 8 días y el otro la entrega en 15 días y además es más caro.)

7 La compañía Mercacinco produce .... Marchaocho.
(La compañía Marchaocho tiene una producción anual de 5 millones de unidades. Mercacinco sólo tiene una producción de unos 2 millones.)

8 Aunque este año tenemos más autobuses, hay .... el año pasado.
(Este año hay la misma cantidad de vehículos que el año pasado.)

SECCIÓN C: COMUNICACIÓN

E j e r c i c i o   C.1

Lee el siguiente texto y luego contesta, por escrito, las preguntas.

LAS CUATRO POTENCIAS

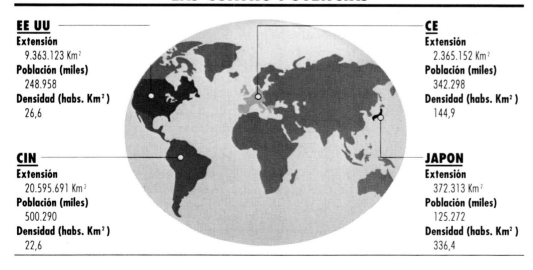

EE UU
Extensión
9.363.123 Km²
Población (miles)
248.958
Densidad (habs. Km²)
26,6

CE
Extensión
2.365.152 Km²
Población (miles)
342.298
Densidad (habs. Km²)
144,9

CIN
Extensión
20.595.691 Km²
Población (miles)
500.290
Densidad (habs. Km²)
22,6

JAPON
Extensión
372.313 Km²
Población (miles)
125.272
Densidad (habs. Km²)
336,4

La hipotética CIN

Si en 1957 se crea la Comunidad Económica Europea, actualmente conocida por la sigla CE, también se puede pensar en la creación de la CIN.

Por ahora, la CIN es sólo una sigla. La sigla de una Comunidad Iberoamericana de Naciones. Pero que puede llegar a convertirse en la unión de 21 países, si incluimos España y Portugal.

La superficie de la hipotética CIN es de 20.595.691 kilómetros cuadrados, repartidos entre dos continentes, América y Europa. La extensión territorial más grande del planeta, en un espacio 2,2 veces mayor que el de Estados Unidos y 8,7 veces mayor que el de la CE, incluyendo en ambas comunidades España y Portugal.

Con una población de más de 500 millones de habitantes, cifra sólo superada por China e India, la Comunidad Iberoamericana va a tener una de las tasas de crecimiento más elevadas del mundo. Se espera que en el año 2025 va a tener 770 millones de habitantes, frente a los 300 millones que entonces va a tener EE UU. El fuerte crecimiento demográfico se compensa con con una densidad de sólo 22,6 habitantes por kilómetro cuadrado.

A diferencia de la CE la religión y la lengua son los mayores factores de identidad. Excluyendo Brasil y Portugal, en los 19 países restantes se habla castellano.

Si la CIN se hace realidad se va a convertir en una superpotencia.

1 Si en 1957 se crea la CE, ¿en qué otra comunidad es posible pensar?
2 ¿Entre cuántos continentes está repartida esta hipotética comunidad y qué continentes son?
3 ¿Cuántos idiomas se hablan en los 21 países que forman la CIN y cuáles son?
4 ¿Cuáles son los dos mayores factores de identidad de la CIN?
5 Si la CIN se forma, ¿cuántos kilómetros cuadrados de extensión va a ocupar?
6 ¿Con relación a su extensión ¿qué lugar va a ocupar en el mundo?
7 ¿Y en relación a la CE y a EE UU cuántas veces va a ser mayor o menor?
8 ¿Cómo se va a compensar el enorme crecimiento demográfico que va a tener la Comunidad Iberoamericana de Naciones?

E j e r c i c i o   C.2

Lee las siguientes tablas y completa los textos según las informaciones contenidas en las tablas.

EDUCACION			
Datos estimados 1990	ALFABETIZACION % ADULTOS	ESCOLARIZACION %	
		E. SECUNDARIA	UNIVERSITARIOS
CIN	78	54	22
CE	98	87	28
EE UU	98	92	60
JAPON	98	96	30

Educación

El índice de alfabetización de adultos de la Comunidad Iberoamericana es del ...., comparado con el .... de Japón, EE UU y la ...., y las diferencias son aún mayores en el porcentaje de la población con estudios secundarios: un 54 por ciento comparado con el .... de la CE o el .... de Japón.

SUPERFICIE CULTIVABLE		
Datos estimados 1992	SUPERFICIE AGRICOLA ABSOLUTA miles de hectáreas	% SOBRE TOTAL SUPERFICIE
CIN	137.900	6,7
CE	67.900	28,7
EE UU	187.900	20,1
JAPON	4.170	11,2

Superficie cultivable

.... tiene la mayor superficie agrícola absoluta y Japón tiene la .... Pero mientras que Japón explota el .... por ciento de la superficie .... la CIN sólo explota un .... por ciento.

Pero es la CE, con una superficie agrícola absoluta de .... hectáreas, la comunidad que tiene el .... porcentaje de su superficie total cultivada.

E j e r c i c i o   C.3

Trabajo en parejas
La persona A debe trabajar con la información en esta página. La persona B debe pasar a la página 196.

Persona A

Lee el siguiente texto a la persona B y completa la tabla según la información en el texto. Después la persona B te va a leer su texto, y así vas a poder completar tu tabla.

Comunicaciones y automóviles

En el número de líneas de teléfono, aparatos de radio y televisión o coches, las diferencias son muy grandes. EE UU ocupa el primer lugar con quinientas treinta y tres líneas de teléfono por cada mil habitantes seguido por Japón y la CE con treinta menos. La CIN, con sólo setenta y cinco líneas, ocupa el último lugar.

Sólo en libros publicados por cada mil habitantes la CIN se acerca a las cifras japonesas, con 0,23 libros publicados al año por habitante comparado con 0,29 de Japón.

Estados Unidos es el país con el mayor número de aparatos de radio: dos mil cuarenta por cada mil habitantes. Le sigue Japón con ochocientos sesenta aparatos. La CE tiene menos y en último lugar está la CIN.

También Estados Unidos encabeza la lista con el número de aparatos de televisión y también le sigue Japón. En la CE hay cuatrocientos siete aparatos por cada mil habitantes, y otra vez la CIN ocupa el último lugar con ciento setenta.

Es en EE UU donde hay más coches por cada mil habitantes, con quinientos setenta y siete. La CE está en segundo lugar con trescientos cuarenta y cuatro. En tecer lugar está Japón y la zona que tiene menos coches por cada mil habitantes es la CIN.

COMUNICACIONES Y AUTOMOVILES					
Datos estimados 1990 por cada mil habitantes	**LINEAS DE TELEFONO**	**APARATOS DE TV**	**APARATOS DE RADIO**	**LIBROS AL AÑO**	**COCHES**
CIN					
CE					
EE UU					
JAPON					

Ejercicio C.4

Trabajo en grupos

En grupos de tres preparad una presentación similar sobre las siguientes tablas, comparando la situación en las cuatro zonas. Cada persona debe hablar sobre una de las tablas.

PRODUCCION				
Datos estimados 1990	**PETROLEO** millones Tm	**HIERRO** miles Tm	**ACERO** miles Tm	**COCHES** millones unidades
CIN	362,5	197,1	53,2	3,0
CE	113,9	91,7	136,8	15,2
EE UU	439,8	49,7	110,3	9,8
JAPON	0,7	80,2	98,8	13,5

POBLACION ACTIVA POR SECTORES			
	POBLACION activa %	**POR SECTORES** en % de la población activa	
Datos estimados 1990		**PRIMARIO** **SECUNDARIO**	**TERCIARIO**
CIN	31,4	43,3 23,6	33,1
CE	45,7	6,6 32,5	60,9
EE UU	49,9	2,8 26,2	70,9
JAPON	51,7	7,2 34,1	58,7

Ejercicio C.5

Trabajo en parejas

Mirad la tabla de comparaciones de costes de diversas actividades relacionadas con los negocios y, tomando turnos, haced preguntas a vuestro compañero/a sobre las actividades más caras y más baratas. Seguid los ejemplos.

BRA, AD BIDA

ción del coste de ctividades relacionadas gocios en once europeas. Datos s)

	International Herald Tribune	Habitación en hotel del centro	Taxi del aeropuerto al centro	2 kilómetros de taxi en ciudad	Llamada local en tarifa alta	Desayuno continental en hotel	Alquiler de coche medio un día
ERDAM	260	36.540	3.690	830	55	2.180	10.020
ELONA	275	29.940	1.490	1.200	76	2.390	13.320
ELAS	235	46.490	3.120	780	59	2.150	27.800
N	195	26.850	2.430	930	59	1.310	10.650
FORT	275	28.660	4.980	690	84	2.410	10.700
RA	280	33.580	2.810	1.120	38	2.530	17.410
RES	180	46.830	8.400	1.260	42	2.720	11.860
D	275	30.030	1.500	1.200	76	2.400	13.000
	210	25.890	2.190	880	88	2.770	19.380
	285	28.350	1.810	760	38	1.850	17.530
	210	43.650	4.720	420	57	3.070	16.750

	Alquiler de secretaria por un día	Franqueo de una carta a Europa	Franqueo de una carta a EE.UU.	Envío de una página de fax	Almuerzo para 4 en restaurante de prestigio	Café en un local del centro	TOTAL
RDAM	44.290	67	118	1.120	28.900	175	128.244
LONA	12.220	44	90	500	27.850	125	89.520
LAS	35.160	59	155	250	42.980	195	159.433
	27.230	63	101	970	26.070	120	96.978
FORT	43.200	84	250	80	26.590	290	118.293
RA	52.380	95	168	470	70.160	330	181.370
ES	16.170	59	82	630	42.500	160	130.893
	14.000	44	90	500	38.000	125	101.240
	8.780	76	109	350	43.900	105	104.728
	24.050	86	105	190	27.680	380	103.114
	31.840	59	95	350	33.030	285	134.535

sa International. Nota: Estudio realizado en julio de 1993. Datos originales en libras esterlinas; el cambio a pesetas se ha hecho a 210 pesetas por libra.

Ejemplos

– ¿En qué ciudad es más caro hacer una llamada telefónica local en tarifa alta?
– En Milán.

– ¿En qué ciudad son más baratos los taxis?
– En París.

● ¿Qué ciudad es la más cara para enviar una página de fax?
● Amsterdam. Cuesta mil ciento veinte pesetas.

● ¿Qué ciudad es la más barata para comprar el International Herald Tribune?
● Londres. Cuesta ciento ochenta.

‡ Tomar un café en un local del centro en esta ciudad es más caro que en París, pero no es tan caro como en Ginebra. ¿Qué ciudad es?
‡ Es Frankfurt.

‡ Para franquear una carta a Europa esta ciudad es más cara que Amsterdam pero no es tan cara como Frankfurt.
‡ Es Milán.

PREPARANDO UNA VISITA

In this unit you will:

- Revise the future tense
- Revise the present perfect
- Revise the use of the conditional
- Practise giving instructions and orders
- Practise telephoning

SECCIÓN A: INTRODUCCIÓN

Ejercicio A.1

Escucha la conversación que mantienen Jesús Herrera y Mario García, sobre la visita que los directores de las tres compañías europeas van a hacer. Luego según lo que oyes en la cinta, completa las siguientes frases con los verbos correctos. Finalmente di las frases en alto.

1 Sí se .... tres días, pero con nosotros sólo .... un día.
2 Claro que .... a recibirlos al aeropuerto y además esa noche .... con ellos.
3 Dieter Kreiser .... dentro de dos semanas, después de David Salter.
4 Sophie Bourdet .... a principios del mes que viene.

Ejercicio A.2

Termina la pregunta que está en la cinta. Escucha y sigue el ejemplo. Finalmente escucha las frases y comprueba el resultado. Usa el futuro.

Ejemplo
(vosotros)/llegar/Madrid
(¿A qué hora ...?)
¿A qué hora llegaréis a Madrid?
1 (ellos)/empezar/reunión
2 redactar/documentos

3 (a él)/ir/recibir/aeropuerto
4 ordenadores portátiles/(tú)/comprar
5 estar/presentes/entrega/premios
6 costar/reparación/ascensor

Ejercicio   A.3

Trabajo en parejas

Aquí tienes el programa que Jesús Herrera y Mario García han pensado para el señor Salter. Estúdialo. Luego haz preguntas y respóndelas. Observa los ejemplos.

PROGRAMA PARA LA VISITA DE D. SALTER

23 De Mayo

17.30	Recoger al señor Salter en el aeropuerto de Barajas
18.00	Dejarlo en el hotel
19.30-21.30	Cena con el señor Salter en el restaurante El Madroño

24 De Mayo

9.00-10.00	Visita al departamento de servicios creativos
10.05-11.00	Video de la compañía
11.00-11.45	Café con Mario García, director de marketing y Elvira Zubiaga directora de finanzas
11.45-13.15	Visita a los departmentos de marketing y finanzas
13.15-15.30	Almuerzo con Jesús Herrera, el director gerente, y dos clientes de Publica, en el restaurante La Vieira
15.30-16.45	Café y reunión con Joaquín Martín, director del departamento de servicios creativos
16.45-18.00	Reunión con el director de marketing y la directora de finanzas
18.00	Regreso al hotel
19.00-21.00	Cena con los directores de Publica
19.00	Terraza

Ejemplos
– ¿A qué hora recogerán al señor Salter en el aeropuerto de Barajas?
– A las cinco y media de la tarde.

- ¿Dónde cenarán?
- En el restaurante El Madroño.
- ¿Qué harán a las nueve de la mañana del día siguiente?
- Visitarán el departamento de servicios creativos.

 E j e r c i c i o   A.4

Escucha la conversación telefónica entre David Salter y la secretaria de
Jesús Herrera y anota lo que dice David Salter.

SECRETARIA:	Publica. Dígame.
DAVID SALTER:	...
SECRETARIA:	El señor Herrera no se encuentra. ¿Quiere dejar algún recado?
DAVID SALTER:	...
SECRETARIA:	Está en Salamanca hoy, así que no llegará a la oficina hasta mañana.
DAVID SALTER:	...
SECRETARIA:	Y ¿quién es Vd.?
DAVID SALTER:	...
SECRETARIA:	No habrá problema. Pero tendré que confirmarlo con el Sr. Herrera.
DAVID SALTER:	...
SECRETARIA:	No. Yo no he visto nada.
DAVID SALTER:	...
SECRETARIA:	De acuerdo Señor Salter. Ya le avisaré. Adiós.
DAVID SALTER:	...

E j e r c i c i o   A.5

Ahora escucha la conversación otra vez y di la parte que corresponde a
David Salter.

E j e r c i c i o   A.6

Di si las siguientes frases son verdaderas o falsas.

                                                                      V   F

1 Jesús Herrera está en su oficina.
2 David Salter visitará Salamanca.
3 David Salter ha reservado un billete de tren.
4 Llegará a Barcelona a las 5.35.
5 El número de su vuelo es el IB3124.
6 David Salter ha reservado un hotel.
7 La secretaria no ha visto el paquete.

Ejercicio A.7

Mira el programa de actividades para la visita de David Salter otra vez.
Son las 2 de la tarde del día 24 de mayo. Haz y contesta preguntas como
los ejemplos, utilizando:

No, todavía/aún no ha/han ...

Sí, ya ha/han ...

Ejemplos

– ¿Ha visto David Salter el vídeo de la compañía?
– Sí, ya lo ha visto.

– ¿Ya se han reunido David y Joaquín?
– No, todavía no se han reunido.

Ejercicio A.8

Las frases que vas a escuchar están dichas de dos maneras distintas. Una
está en forma imperativa y en la otra, que expresa lo mismo, se utiliza el
verbo **poder**. Escucha la cinta y escribe o completa las frases, según lo que
oyes. Una frase tienes que completarla y la otra la tienes que escribir en su
totalidad.

1 – ¿Puede .... me con el Sñr. Rivera?
 – ...
2 – ¿...?
 – .... a Pedro y .... que voy a llegar tarde.
3 – ¿Puede .... un momento que está comunicando?
 – ...
4 – ¿Puede .... el teléfono?
 – ...
5 – ¿...?
 – .... a Santos que la Sta. Calles está aquí.
6 – ¿Puede .... el número desde ahí?
 – ...
7 – ¿...?
 – .... otra vez.
8 – ¿...?
 – .... la otra línea.
9 – ¿Puede ....nos un fax a este número?
 – ...

Ejercicio A.9

Escucha la conversación que mantienen David Salter y Jesús Herrera y
luego contesta las preguntas por escrito.

1 ¿Cuánto tiempo ha estado David Salter en el avión sin despegar?

2 ¿Por qué?

3 Según Jesús ¿qué habrán pensado los encargados de seguridad?

4 ¿Qué le han parecido a Jesús los informes enviados por DSD?

5 Según Jesús ¿qué pasaría si llegan a un acuerdo con DSD?

6 ¿Qué piensa David?

7 ¿En qué ciudad se celebrará la próxima Exposición Industrial Española?

8 Según David Salter ¿dónde sería mejor celebrar la Exposición?

Ejercicio   A.10

De entre las respuestas (a–e), elige la que mejor correspondería a las siguientes situaciones.

1 Tengo que enviar estos datos y los tienen que recibir mañana.

2 ¿Todavía no ha llegado Luis?

3 ¿Podríamos formar una sociedad cooperativa?

4 ¿Por qué no ha venido nadie del departamento de diseño?

5 No sé qué hacer, si comprarme un piso o alquilarlo.

a Yo en su lugar lo alquilaría.

b Habrán pensado que la reunión sería sólo para nuestro departamento.

c Yo que tú los mandaría por fax.

d Acaba de llamar y ha dicho que llegaría a las doce.

e Realmente en su caso no es aconsejable. Mejor sería formar una sociedad limitada.

Ejercicio   A.11

Lee el siguiente texto.

TODOS A CONTENER GASTOS

STANLEY BENDELAC El presidente de BSB asegura que esta agencia cuidará «exquisitamente» sus gastos, será muy prudente en sus inversiones y entrará más en *marketing* directo, esponsorización y publicidad de selección de personal.

EINRICH JOOS Bassat Ogilvy & Mather fue la agencia con mayor crecimiento el año pasado. Su director general afirma que 96 será también un ejercicio difícil para el sector, «pero el verdadero problema será 1997, porque no habrá pan para todos».

JOSE MARIA CASERO El consejero delegado de Central Media considera necesarias nuevas fusiones entre las centrales de compra de medios. «El número ideal sería seis o siete», afirma, porque, de lo contrario, no se puede tener volumen suficiente».

MANUEL RAMIRO Lintas lo pasó mal en 1996. Ahora, su presidente reconoce la necesidad de contener costes para «no vivir de espaldas a la recesión del mercado». En todo caso, Ramiro pronostica para su agencia un crecimiento este año del 12 por ciento en ingresos brutos.

a Contesta las siguientes preguntas.

1 De las cuatro, ¿cuál ha sido la agencia con mayor crecimiento?
2 ¿Qué afirma Heinrich Joos?
3 ¿Cuál será el año del verdadero problema según él? ¿Por qué?
4 ¿Qué tres cosas, asegura el presidente de BSB, hará su agencia?
5 ¿Quién es José María Casero?
6 Según el señor Casero ¿cuál sería el número ideal para las fusiones?
7 ¿Cómo se llama el presidente de la agencia Lintas?
8 ¿Qué crecimiento tendrá la agencia Lintas para el año 1992?

b Explica el significado de las siguientes expresiones, dentro del contexto de la lectura.

1 No habrá pan para todos.
2 Cuidará exquisitamente sus gastos.
3 No vivir de espaldas a la recesión.
4 Pasarlo mal.
5 Será un ejercicio difícil.
6 Volumen suficiente

SECCIÓN B: CONSOLIDACIÓN

EL FUTURO

● Cuando hablamos de una acción futura o probable en el presente se utiliza el futuro:

*Con nosotros sólo **estarán** dos días.* (acción futura)

***Llegará** con retraso.* (acción probable)

● El futuro de los verbos regulares se forma añadiendo la terminación al infinitivo:

–é –ás –á (sing.)   **–eremos –éis –án** (pl.)

***Escribiré** el informe mañana.*

***Comeremos** en el restaurante El Madroño.*

● Los únicos verbos que son irregulares, lo son en la raíz y son:

Tener: ten**dr**é – ten**dr**ás – ten**dr**á   ten**dr**emos – ten**dr**éis – ten**dr**án
Venir: ven**dr**é – ven**dr**ás – ven**dr**á   ven**dr**emos – ven**dr**éis – ven**dr**án
Poner: pon**dr**é – pon**dr**ás – pon**dr**á   pon**dr**emos – pon**dr**éis – pon**dr**án
Salir: sal**dr**é – sal**dr**ás – sal**dr**á   sal**dr**emos – sal**dr**éis – sal**dr**án
Saber: sa**br**é – sa**br**ás – sa**br**á   sa**br**emos – sa**br**éis – sa**br**án
Poder: po**dr**é – po**dr**ás – po**dr**á   po**dr**emos – po**dr**éis – po**dr**án
Haber: ha**br**é – ha**br**ás – ha**br**á   ha**br**emos – ha**br**éis – ha**br**án
Caber: ca**br**é – ca**br**ás – ca**br**á   ca**br**emos – ca**br**éis – ca**br**án
Decir: **di**ré – **di**rás – **di**rá   **di**remos – **di**réis – **di**rán
Hacer: **ha**ré – **ha**rás – **ha**rá   **ha**remos – **ha**réis – **ha**rán
Querer: que**rr**é – que**rr**ás – que**rr**á   que**rr**emos – que**rr**éis – que**rr**án

Ejercicio B.1

Mira los comentarios de las dos columnas. Pon el verbo en el futuro y relaciona los comentarios de las dos columnas.

1 Si invertimos ahora .... el futuro de la empresa. (asegurar)

2 Si ponemos filtros en las chimeneas .... la polución ambiental. (reducir)

3 Si hacemos una campaña publicitaria .... las ventas. (aumentar)

4 Si trasladamos la fábrica a Galicia .... aprovechar los subsidios de la Xunta. (poder)

5 Si no nos cambiamos de oficina no .... aquí dentro de un año. (caber)

6 ¡Si no se lo dices tú, se lo .... yo! (decir)

a Sí, pero si vamos a Galicia los trabajadores no .... con nosotros. (venir)

b Sí, pero si no se lo decimos, él nunca .... nada. (saber)

c Sí, pero para invertir tenemos que pedir un crédito. Si pedimos un crédito los intereses nos .... (arruinar)

d Sí, pero para poner un filtro .... que parar la producción. (tener)

e Sí, pero una campaña .... mucho dinero. (costar)

f Sí, pero dentro de un año esta oficina .... más. (valer)

EL PRETÉRITO PERFECTO 1

● Cuando hablamos de una acción en el pasado pero sin determinar cuándo sucedió, se utiliza el pretérito perfecto.

He reservado *el billete de avión.*

El pretérito perfecto se forma con el presente del verbo **haber** y el participio del verbo que se conjuga.

- La terminación de los participios de los verbos regulares es:

pagar ——➤ pag**ado**
saber ——➤ sab**ido**
recibir ——➤ recib**ido**

- Verbos con participio irregular son:
abrir ——➤ abierto
cubrir ——➤ cubierto
descubrir ——➤ descubierto
escribir ——➤ escrito
decir ——➤ dicho
hacer ——➤ hecho
morir ——➤ muerto
poner ——➤ puesto
resolver ——➤ resuelto
romper ——➤ roto
ver ——➤ visto
volver ——➤ vuelto
satisfacer ——➤ satisfecho

y sus compuestos (devolver: devuelto).

Ejercicio B.2

En las siguientes noticias faltan los verbos. Completa el texto rellenando los espacios con la forma correcta del pretérito perfecto. Aquí tienes los verbos:

implantarse	*abrir*	*lanzar*
firmar	*mantener*	

1
La Caixa de Pensiones de Barcelona .... la *Creditarjeta*, que permite a su titular disponer de un crédito al consumo en el momento que lo necesite.

2
Winterthur y Banca Jover .... un acuerdo de colaboración para la distribución de seguros en esta entidad financiera filial de Credit Lyonnais, que cuenta con 115 oficinas en Cataluña y Baleares.

3
Levi Strauss España participa, desde hace unos meses, en el nuevo sistema de distribución a escala europea que ya .... en Alemania, Austria y Suiza.

4
Dulcesa es una de las pocas empresas españolas que, desde su fundación, ... un crecimiento sostenido en su volumen de ventas.

5

> Esencial Mediterráneo,
> fabricante y distribuidora de
> productos de higiene y
> cosmética, ... una
> tienda en Barcelona.

E j e r c i c i o   B.3

Las palabras que están en la columna izquierda aparecen en el ejercicio
B.2. Las que están en la columna derecha son sus sinónimas, pero no están
en orden. Relaciónalas correctamente.

1	permite	**a**	cooperación
2	momento	**b**	constante
3	acuerdo	**c**	autoriza
4	colaboración	**d**	instante
5	entidad	**e**	convenio
6	sostenido	**f**	firma

PRONOMBRES DE COMPLEMENTO 3

1 Cuando hay dos pronombres de complemento, directo e indirecto (**me**, **te**, **le**,
etc.) juntos en la misma oración, se coloca el indirecto antes del directo. En la
forma imperativa afirmativa los pronombres de complemento se colocan
detrás formando una sola palabra. Como consecuencia de esto, el verbo se
acentúa:

> *Voy a salir, ¿te compro el periódico?*
> *Sí gracias, cómpra**melo**.*

2 Cuando los pronombres que están en la misma oración son **le/les** y **lo/los**, por
razones de eufonía el pronombre de complemento indirecto **le/les**, se
transforma en la forma única **se**:

> *De el libro a Juan = Dé**selo**.*

E j e r c i c i o   B.4

Mira la lista de cosas que la secretaria del Sr. Herrera tiene que hacer.
Luego escribe diálogos como el del ejemplo. Explica la razón que da el Sr.
Herrera en cada diálogo.

Ejemplo
– ¿Ha buscado el vídeo en la videoteca?
– No, todavía no.
– Pues búsquelo. Porque quiero verlo antes de la visita del Sr. Salter.
– Vale. Lo buscaré ahora.

Lo que hay que hacer.

- Buscar el vídeo en la videoteca. (Ahora)
- Reservar la habitación para el Sr. Salter. (Ahora mismo)
- Dar el programa a Joaquín. (En seguida)
- Reservar una mesa en el restaurante El Madroño. (Después de comer)
- Llamar a Don Julian y La Señora de Gives para confirmar el almuerzo en La Vieira. (Esta tarde)
- Enviar un fax a David Salter. (Pronto)
- Mandar las cartas a las agencias. (Mañana por la mañana)

Razones
Ahora es un restaurante muy popular
Nos deben bastante dinero
Quiero verlo antes de la visita del Sr. Salter
Necesito saber si puede venir
Llega dentro de un par de días
Su presencia es importantísima
Tiene que traer unas cosas de Inglaterra

INDEFINIDOS

Los indefinidos **alguno, ninguno, mucho, poco, demasiado, bastante, otro, todo,** pueden funcionar como pronombres y adjetivos:

*¿Quiere dejar **algún** recado?*
*Sería una unión **bastante** interesante.*

Demasiado, **mucho** y **poco** pueden funcionar también como adverbios.
Tienen género y número excepto **ninguno** que sólo tiene género (**ninguno/a**) y **bastante** que sólo tiene número (**bastantes**).

Ejercicio B.5
Contesta usando los siguientes indefinidos según corresponda:

demasiado	*todos*	*mucho*
algún	*otro*	*poco*
bastantes	*ninguno*	

1 ¿Sabes dónde están los billetes de avión?, no los encuentro.
Pues búscalos, tienen que estar en .... lugar.

2 ¿Cuál es el índice de desempleo en su país?
Exactamente no lo sé, pero hay .... desempleados.

3 Me preocupa Luis, tiene mala cara.
Es que trabaja mucho y duerme ....

4 ¿Cuántos candidatos han pasado la primera prueba?
Lamentablemente ....

5 ¿Y por qué?
Es una prueba .... difícil.

6 ¿Y usted ha invertido algo en el negocio?
No, no ....

7 ¿Está bien así?
¡No, déme .... !

8 ¿Quiénes han estado en la reunión?
....

EL CONDICIONAL

El condicional se usa, entre otras cosas, para:

1 Expresar hipótesis:

Sería una bomba.

2 Expresar cortesía:

¿Qué le gustaría hacer?

3 Dar consejo:

Yo en su lugar la celebraría en Edimburgo.

La formación del condicional sigue el mismo patrón que la formación del futuro.
Por lo tanto, el condicional de los verbos regulares se forma añadiendo la
terminación al infinitivo:

–ía   –ías   –ía (sing.)   **–íamos   –íais   –ían** (pl.)

Los verbos que son irregulares en el futuro lo son también en el condicional.

*No le **diré** nada.* ⟶ *Yo no le **diría** nada.*

Ejercicio B.6
Coloca los verbos entre paréntesis en la forma correcta del condicional.

a **1** No estoy segura, pero quizás .... las 5 de la tarde. (ser)

2 Lo .... por su poco interés en el trabajo. (despedir)

3 En esa época la compañía .... unos 30 empleados. (tener)

4 ¿Tú crees que ellos .... nuestras condiciones? (aceptar)

b 1 Nos .... ver la fábrica. (gustar)

2 ¿Le .... llamarme más tarde? (importar)

3 ¿.............. quedaros hasta más tarde mañana? (poder)

4 ¿Tú no .... hablar primero con ellos? (querer)

c 1 ¿Y usted qué ....? (hacer)

2 Yo en su lugar .... en avión. (ir)

3 Yo que tú, todavía no les .... nada sobre su traslado a Valladolid. (decir)

4 No me gusta nada la fotocopiadora al lado de la puerta. Yo la .... al lado de la ventana. (poner)

E j e r c i c i o B.7

Lee las úlimas noticias de La Semana Financiera y luego contesta, por escrito y con respuestas completas, las siguientes preguntas. Finalmente dilas en alto.

LA SEMANA FINANCIERA – DICIEMBRE

- **Francia ha mantenido el IPC en el 2,25% anual en noviembre, mes en el que los precios al consumo aumentaron et 0,1%.**

- La Asociación de Fabricantes de Cigarrillos Y Cigarros de Canarias ha denunciado a Tabacalera por: *"la política de venta a precio inferior al coste, con abuso de posición dominante, de los cigarros comercializados bajo la marca Farias".*

- **El ente público Puertos del Estado, que ha inaugurado su nueva sede social en el Campo de las Naciones y estrena nueva identidad corporativa, preve autofinanciarse a partir de ahora. Con ello dejará de depender de los Presupuestos Generales del Estado.**

- Los vehículos europeos contaminarán un 20% menos a partir de 1996. El Consejo de Ministros de Medio Ambiente de la Union Europea, reunido en Bruselas, así lo ha decidido.

- **El Congreso ha aprobado por unanimidad el Proyecto de Ley de medidas de prevención del blanqueo de dinero procedente del narcotrafico, terrorismo o delincuencia organizada.**

1 ¿Qué ha hecho Francia con el interés de los precios al consumo?

2 ¿En cuánto han aumentado los precios al consumo, a partir del mes de noviembre, en ese país?

3 ¿Quiénes han denunciado a Tabacalera y por qué?

4 ¿Dónde ha instalado su nueva sede social Puertos del Estado?

5 ¿Qué prevé esta sociedad que sucederá a partir de ahora y cuál será la consecuencia inmediata?

6 ¿Qué pasará con los vehículos europeos a partir de 1996?

7 ¿Quién lo ha dicho?

8 ¿Qué ha hecho el Congreso recientemente?

SECCIÓN C: COMUNICACIÓN

E j e r c i c i o   C.1

Escucha las conversaciones en la cinta y completa cada ejercicio.

a

☎ MENSAJES

Para: ....

Ha llamado: ....

De la Compañía: ....

Fecha: .... Hora: ....

Mensaje: ....

....

....

....

....

Volverá a llamar [ ]   Por favor llame [ ]

b

☎ MENSAJES

Para: ....

Ha llamado: ....

De la Compañía: ....

Fecha: .... Hora: ....

Mensaje: ....

....

....

....

Volverá a llamar [ ]   Por favor llame [ ]

c

¡CORRA LA VOZ!

Ruego tomen nota de mis datos para recibir gratuitamente la suscripción al catálogo de ACTION de suministros informáticos, hardware, software y mobiliario.

Nombre		Cargo	
Empresa		CIF/DNI	
Dirección			
Ciudad		C. Postal	
Teléfono		Fax	
Tipo de Negocio			
Tipo de Ordenador		No. Empleados	

o llame GRATIS 900 · 14 · 16 · 18

d

HOJA DE PEDIDOS

Fecha: Nº de Pedido:

Fecha de Entrega:

Concepto:

Dirección del Cliente

E j e r c i c i o   C.2

Este anuncio muestra los éxitos obtenidos por la agencia de publicidad TBWA a lo largo de un año. Ahora imagina que tú tienes que poner un anuncio similar para tu propia compañía. Inventa el nombre de tu compañía.

ESTE AÑO HEMOS SIDO MUY BUENOS.

Hemos ayudado a un diario deportivo a aumentar su número de lectores en un 39,5%. Hemos contribuido a la felicidad de un grupo cervecero que ha visto cómo uno de sus nuevos productos superaba, en sólo tres meses, sus objetivos de ventas de todo el año. Hemos hecho posible que, el día de su inauguración, 20.000 personas visitaran el primer establecimiento en España de una gran cadena internacional de tiendas de música. Sólo tres ejemplos de las numerosas buenas acciones que hemos realizado a lo largo del año para todos y cada uno de nuestros clientes. Infinidad de buenas acciones que nos han hecho merecedores de muy buenos premios: los mejores premios de los más importantes festivales publicitarios del mundo.

TBWA LE DESEA UNAS FELICES PASCUAS Y SE PONE A SU DISPOSICION PARA AYUDARLE A DISFRUTAR DE UN MUY PROSPERO AÑO NUEVO.

TBWA

AGENCIA DE PUBLICIDAD DE SERVICIOS PLENOS
Profesor Waksman, 14 - Tel.: 457 30 08 - 28036 MADRID   Avda. Diagonal, 604 - Tel.: 202 21 88 - 08021 BARCELONA

Elige tres negocios diferentes, a los que has hecho obtener beneficios gracias a tus campañas publicitarias. Aquí tienes algunas posibilidades:

- Agencia de viajes
- Compañía de refrescos
- Tienda de ropa
- Emisora de radio
- Banco

Redacta el anuncio incluyendo algunos premios ganados por tu compañía.

- Primer Premio Nacional de Publicidad
- Primer Premio Nacional Publimagen
- Segundo Premio Internacional de la Crítica de Berlín
- León de Plata del X Certámen de Publicidad e Imagen de Milán
- Mención de Honor de los Premios al Diseño de Nueva York 1994

Ejercicio C.3

Di tu parte en la siguiente conversación teléfonica.

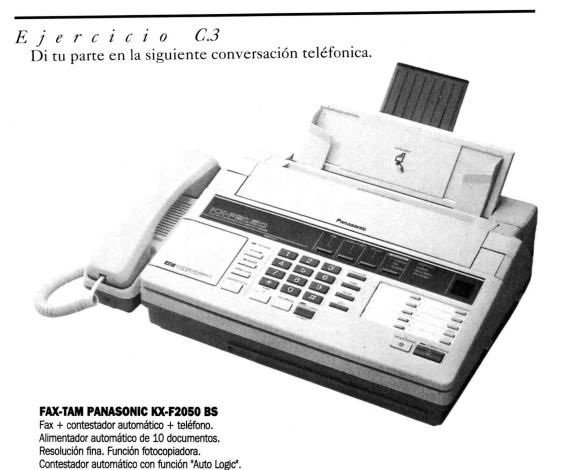

FAX-TAM PANASONIC KX-F2050 BS
Fax + contestador automático + teléfono.
Alimentador automático de 10 documentos.
Resolución fina. Función fotocopiadora.
Contestador automático con función "Auto Logic".

89.900

SECRETARIA:	Equipamientos de oficina La Paloma, ¿qué desea?
TÚ:	*Say you want some information about answering machines.*
SECRETARIA:	Un momento que le paso con el servicio de ventas.
VENDEDOR:	Diga.
TÚ:	*Ask if they sell the Panasonic KX- F2050 BS.*
VENDEDOR:	Pues sí.
TÚ:	*Ask how much it costs.*
VENDEDOR:	A ver, el Panasonic ... Sí, 95.475 pesetas.
TÚ:	*Ask if it has a guarantee.*
VENDEDOR:	Tiene una año de garantía.
TÚ:	*Ask when it can be delivered.*
VENDEDOR:	¿Desde dónde llama usted?
TÚ:	*Say your office is in Chamartín.*
VENDEDOR:	Mañana, si quiere.
TÚ:	*Say you have to think about it and that you will call him later.*
VENDEDOR:	Si quiere le podemos mandar más información por correo.
TÚ:	*Say no thank you and that you would like to ring other distributors to compare prices.*
VENDEDOR:	Bueno, como quiera.
TÚ:	*Say thank you and goodbye.*

E j e r c i c i o C.4

Trabajo en parejas

La persona A debe trabajar con la información de esta página y la persona B debe pasar a la página 197.

Persona A

1 Lee el siguiente texto a tu compañero/a quien te dará las cifras que faltan.

La jornada ideal

Si los ejecutivos pudieran volar no sólo arruinarían a las compañías aéreas, sino que podrían trasladarse en un sólo día por toda Europa para completar la jornada de trabajo más económica. Esta empezaría en Dublín, donde el desayuno en hotel de alta categoría cuesta .... pesetas: la mitad, por ejemplo, que en Milán. Para trasladarse desde el hotel hasta un centro de negocios, nada mejor que coger un taxi en París: por ....pesetas hará un recorrido de dos kiómetros. Pero, en previsión de más traslados, se puede optar por alquilar un coche de categoría media: en Amsterdam los ofrecen por .... pesetas. Al llegar a la oficina, nuestro ejecutivo se encontrará con la secretaria contratada en Milán por .... pesetas al día, un precio cinco veces inferior al de Ginebra. A la hora de enviar la correspondencia, habrá que hacer algunos traslados: Hasta Madrid o

Barcelona para las cartas con destino a Europa – .... pesetas franqueo – y a Londres para las cartas a Estados Unidos. Para remitir un fax, no hay duda: en un centro de negocios de Frankfurt sólo cobran .... pesetas. En Amsterdam la tarifa es 14 veces superior.

2   Tu compañero/a te va a leer la continuación del texto basado en el artículo 'La jornada ideal'. Faltan las cifras. Debes proporcionarle las cantidades de la siguiente lista. Si necesitas ayuda mira el ejercicio C.5, Unidad 2. Todas las cifras están en pesetas.

26.070	105	50.000
38	70.160	25.890
180	1.490	

CUANDO EMPECÉ

In this unit you will:

- Revise the relative pronoun *que*
- Revise the preterite
- Revise the neuter article *lo*
- Talk about past events
- Talk about the development of a company

SECCIÓN A: INTRODUCCIÓN

E j e r c i c i o   A.1

Mira la historia de la compañía Publica SA y escucha la cinta. Escribe el verbo en la forma correcta y coloca la fecha correspondiente debajo de cada illustración.

1968

1971

1975

Jesús Herrera .... su compañía en Salamanca.

Jesús se .... un contrato con la Gobernación Civil de Castilla la Vieja.

Jesús se .... con Joaquín Martín Santos.

Jesús y Joaquín .... a una nueva oficina en Madrid.

Publica S.A. .... su primer contrato para filmar un spot televisivo.

Jesús y Joaquín .... su primer anuncio para la televisión.

Jesús y Joaquín .... un premio por el mejor anuncio del año.

Los beneficios de Publica SA .... dramáticamente.

Joaquín .... unas clases de publicidad y mercadotecnia en la Universidad de Salamanca.

En 1994 Televenta, una empresa de marketing telefónico, le .... a Publica SA el 25% de sus acciones.

E j e r c i c i o   A.2

Solo o con un compañero/a, haz y contesta preguntas sobre Publica SA, como en el ejemplo.

Ejemplo

¿Cuándo estableció Jesús la compañía?
La estableció en mil novecientos sesenta y ocho.

E j e r c i c i o   *A.3*

Ahora completa las preguntas y contéstalas.

1 ¿Dónde .... en 1968?
2 ¿Con quién .... en 1971?
3 ¿Con quién .... Jesús en 1975?
4 ¿A dónde .... en 1979?
5 ¿Qué .... en 1981?
6 ¿Quiénes .... en 1982?
7 ¿Por qué .... en 1986?
8 ¿Qué .... en 1987?
9 ¿Dónde .... en 1990?
10 ¿Cuántas .... en 1994?

E j e r c i c i o   *A.4*

Escucha la conversación entre Jesús Herrera, David Salter y Joaquín Martín, luego di si las siguientes frases son verdaderas o falsas. Si son falsas, corrígelas.

V   F

1 David Salter durmió bien hasta las seis de la mañana.
2 A las seis de la mañana el ruido del tráfico lo despertó.
3 Además, también le llamaron desde Inglaterra.
4 David piensa que lo llamaron a las seis de la mañana
porque se confundió al decir la hora.
5 Jesús opina que el español de David no es muy bueno.
6 La campaña para el whiskey Malcolm recibió un premio.

E j e r c i c i o   *A.5*

Vuelve a escuchar la cinta y luego relaciona las siguientes respuestas con sus correspondientes preguntas.
Pero a las preguntas les faltan las palabras interrogativas. Utiliza una para cada pregunta.

| *qué* | *cuál* | *quién* |
| *cuándo* | *dónde* | *cómo* |

1 Sonó el teléfono.
2 A las seis de la mañana.
3 Hasta las seis, bien.
4 El servicio de despertador del hotel.
5 La del whiskey Malcolm.
6 En Berlín.

a ¿.......... durmió?
b ¿.......... campaña recibió un premio?
c ¿.......... pasó?
d ¿.......... se celebró el festival?
e ¿.......... sonó?
f ¿.......... le llamó?

Ejercicio A.6

En el departamento de diseño tienen la radio puesta porque necesitan saber si mañana David podrá tomar su avión para Londres. Escucha el boletín informativo de Radio España y averígualo. Luego completa los siguientes textos usando una sola palabra en cada espacio.

1 Ayer el Ministro de Trabajo .... en una rueda .... prensa .... se crearán más .... un millón de puestos de trabajo .... de finalizar este año. .... el INEM, Instituto Nacional de Empleo, el número de desempleados .... a la cifra de tres millones y medio. De los .... un 20% tienen edades comprendidas .... los 17 y los 25 años.

2 La Empresa Nacional de Transporte de Viajeros .... Carretera, ENATVICA, que hace tan solo tres años .... unas pérdidas de 236 millones de pesetas, ... unos beneficios de 560 millones el año pasado.

3 El jefe del departamento de inversiones del Banco Mass .... ayer de su cargo. El fiscal del caso .... a otros cinco asesores del banco .... testificar .... el escándalo.

4 Las Fuerzas Navales .... al rescate de los 407 pasajeros del ferry Moaña que .... durante las primeras horas de esta mañana. A pesar del mal tiempo, los pasajeros y la tripulación .... ser evacuados .... mayores contratiempos.

5 La huelga .... controladores aéreos del Aeropuerto de Madrid, Barajas, anunciada .... mañana, ha sido aplazada .... el próximo día 12. El sindicato de trabajadores espera llegar a un acuerdo .... la compañía.

Ejercicio A.7

Ahora Joaquín y David están en el departemento de diseño. Escucha la cinta y luego haz las preguntas para las siguientes respuestas.

1 Para ver como trabajan en Publica SA.
2 Que es un diseño interesante.
3 Toda la semana.
4 Pensó que los pájaros serían ideales para ese anuncio.
5 Para un champú.
6 Es uno de los mejores diseñadores industriales del país.
7 Se conocieron el año pasado.
8 En Valencia, en la Exhibición de Nuevos Diseños.
9 Presentó dos envases.
10 Con el que hizo para la botella de perfume.

E j e r c i c i o A.8

Vuelve a escuchar la conversación y toma el papel de David Salter. Anota lo que dice.

JOAQUÍN:	Y esta es Paula Granados nuestra jefa de diseño...
PAULA:	Hola ¿qué tal?
DAVID:	...
JOAQUÍN:	Paula supongo que ya sabes que este es David Salter, de la Agencia DSD, que ha venido para ver como trabajamos...
DAVID:	...
PAULA:	Humm... Gracias, he estado trabajando en esta idea toda la semana... . Y de pronto, ayer, pensé que los pájaros serían ideales para este anuncio.
DAVID:	...
PAULA:	Pues sí, para un champú...
JOAQUÍN:	Y este es Raúl Lojo, uno de los mejores diseñadores industriales del país.
DAVID:	...
RAÚL:	Sí en Valencia ... En la Exhibición de Nuevos Diseños...
DAVID:	...
RAÚL:	Humm, los que hice para la botella de perfume y la caja de galletas ...
DAVID:	...
RAÚL:	Sí por el diseño que hice para la botella de perfume...
JOAQUÍN:	¿Sabe David? Los jóvenes con los que estuvimos hablando tienen un gran futuro, pues...

E j e r c i c i o A.9

En el vídeo que David Salter está viendo hay parte de unas clases sobre publicidad que impartió Jesús Herrera en la Facultad de Ciencias de la Comunicación de la Universidad de Salamanca.

Escucha la cinta y completa el siguiente texto utilizando la expresión adecuada de entre las que están en el recuadro. Pero no están en orden y hay algunas que no pertenecen.

en cuanto a	*a propósito*	*ante todo*
nunca	*en primer lugar*	*después*
finalmente	*por lo general*	*es decir*
sin embargo	*por supuesto*	*mientras que*
en cambio	*asimismo*	*de ninguna manera*
hasta que		

.... la redacción del mensaje publicitario, ... hay que tener tres cuestiones claras. ...., por qué se va a escribir el mensaje. ...., sobre qué va a tratar el mensaje. Y, ..., a quién va dirigido.

........................, el primer punto suele estar bastante claro para el comerciante, ..., nuestro cliente potencial. ...., lo que nos creará problemas es saber a quién va dirigido. Y aquí es, ..., donde empieza nuestro verdadero trabajo.

Porque .... hay comerciantes que tienen una idea bastante aproximada de quiénes son sus consumidores, pues, por la clase de producto que es, o por el tipo de establecimiento, ..., hay otros a los que habrá que orientar y .... definirles quién va a ser su cliente.

Ejercicio A.10

Lee el siguiente texto sobre Esther Hontecillas.

Esther Hontecillas

22 años
Trabajadora temporal
y estudiante

Esther Hontecillas es hija de un padre leonés que vino a Seat ZF; siempre, los hijos de los antiguos empleados han tenido preferencia para hacerse un hueco en la firma automovilística. Esta muchacha, bonita, de 22 años, nació en Cataluña y habla perfectamente el catalán. Desde hace dos años fue admitida en Seat con contrato temporal; cada seis meses le renuevan el contrato; "en marzo tendría que renovar de nuevo".

Trabaja en el coche Toledo, "que es muy bonito" (ZF fabrica también las marcas Marbella y Terra, que ya se consideran al final de su vida, no como Toledo, que se vende como rosquillas); su menester, la mocita, lo desarrolla en chapistería; esto es, suelda la chapa con una pinza eléctrica. Esther trabaja para sufragar sus gastos personales y para estudiar psicología. Ya cursa el tercer año de la carrera. Su jornada laboral comienza en ZF a las seis de la madrugada y concluye a las dos y diez minutos de la tarde. A continuación acude a sus clases a la Autónoma de Barcelona. Y los sábados estudia alemán, "porque es imprescindible", y además, en la fábrica recibe cursillos de soldadura, "porque hay supercontroles y no se puede trabajar mal". La muchacha dice que "se vive un ambiente de incertidumbre porque esta crisis ha llegado de golpe y porrazo.

En la fábrica ha sido como un jarro de agua fría, y esto cuando hacemos coches majos y que marchan". Cree que la Generalitat ayudará a ZF "y que al final no cerrarán, porque con el coche Toledo, que es tan bueno y tan bonito, y con la furgoneta Van, que ya está diseñada, ZF debería seguir". Cobra algo más de 100.000 pesetas, pero no se ha comprado coche, "porque

hasta que no esté segura del futuro no quiero". ¿Se considera bien informada? "Los sindicatos informan, pero nadie sabe nada con seguridad. El Gobierno y la Generalitat tendrían que ayudar".

Esther, de todos modos, concluidos sus estudios universitarios, si puede vivir de psicóloga, no lo dudará, "porque es muy interesante conocer la condición de las personas". Y mientras no se despeje el futuro, "mi objetivo es no casarme, ni tener hijos por ahora, aunque tengo novio".

Su madre se desvive, la mima, nos sonríe a todos, no quiere que falte nada mientras conversamos. No opina con la palabra, pero sí con la expresión de ansia de descifrar el futuro disimulada por su bondad tan expresiva.

a Contesta las preguntas.

1 ¿Qué tipo de contrato tiene Esther?
2 ¿Cuál es su trabajo en la fábrica?
3 ¿Qué hace por las tardes?
4 ¿En qué le gustaría trabajar en el futuro?
5 ¿Cómo ve el futuro de la fábrica?

b Trabajo en parejas.
Cada persona debe hacer cinco preguntas a su compañero/a sobre el artículo.

c Escribe un resumen de la vida de Esther resaltando los puntos más importantes.

SECCIÓN B: CONSOLIDACIÓN

EL PRONOMBRE RELATIVO **QUE**

Se usa para introducir otra oración que modifica al nombre. Se puede referir a presonas o cosas. Es invariable.

> *La publicidad* **que** *hicieron para el whiskey es excelente.*
> *Presentó dos envases* **que** *me llamaron la atención.*

El pronombre relativo **que** va a veces acompañado por el artículo determinado para definir mejor a que se refiere.

> *...* ***los*** *(los dibujos)* **que** *hice para la botella de perfume y la caja de galletas ...*

E j e r c i c i o   B.1

Completa los siguientes diálogos con el relativo adecuado (el que, la que, los que, las que).

1 ¿Cuál de los dos modelos prefieres?
.... me enseñaste ayer.
2 ¿En qué empresa invirtió el dinero?
En .... invirtió el año pasado.
3 ¿Has visto las diapositivas de Sara?
¿............... acaba de traer? Sí, me encantan.
4 ¿Quién habló con el director?
Pabló fué .... habló con él.

EL PRETÉRITO INDEFINIDO

Cuando hablamos de un periodo de tiempo, de un momento o fecha determinada en el pasado, se usa el pretérito indefinido.

> – *¿A qué hora* **llegó** *el avión?*
> – **Llegó** *a las siete y media de la tarde.*
> – *¿Cuándo se* **conocieron?**
> – *El año pasado, en Valencia.*

La terminación de los verbos regulares es:

	–ar	–er	–ir
	hablé	vendí	escribí
sing.	hablaste	vendiste	escribiste
	habló	vendió	escribió
	hablamos	vendimos	escribimos
pl.	hablasteis	vendisteis	escribisteis
	hablaron	vendieron	escribieron

Los verbos irregulares pueden ser.

1 Por cambio de vocal:

- **e → i.**
  Afecta solamente a los verbos en **–ir** en las terceras personas del singular y del plural. Algunos verbos de este grupo son: pedir, medir, seguir, preferir, referir, servir, etc.

  Alberto prefirió cambiar de empleo.

- **o → u**
  Afecta sólo a los verbos **dormir** y **morir** en sus terceras personas del singular y del plural.

  Ella murió en 1975.

2 Por cambio ortográfico:

- **i → y**
  Afecta a los verbos en **–er** y en **–ir** en las tercras personas del singular y del plural. Verbos de este grupo son: leer, oir, construir, creer, etc.

  Leyeron la noticia en el periódico.

- **c → qu**
  Sólo afecta a los verbos en **-ar** en la primera persona del singular. Verbos de este grupo son: explicar, buscar, practicar, sacar, atacar, etc.

  Ya te lo expliqué varias veces.

- **g → gu**
  Sólo afecta a los verbos en **–ar** en la primera persona del singular. Verbos de este grupo son: pagar, llegar, entregar, jugar, etc.

  Lo pagué con la tarjeta de crédito.

3 Por irregularidad propia y que además:
- cambian la vocal de la raíz por una:
  –u: poder, poner, saber, haber, etc.
  No pude llegar antes.

  –i: hacer, dar, decir, querer, etc.
  Le dimos 1.000 pesetas de propina.

- incorporan la consonante:

  –j: traer, decir, traducir, etc.

    No trajo los libros que le pediste.

  –v: estar, tener, andar etc.

    Tuve que terminar el trabajo en una hora.

4 Verbos que cambian totalmente en el indefinido: **ser** e **ir**

  *Yo **fui** la primera en salir de la reunión.*
  *Ayer **fui** a la Cámara de Comercio.*

E j e r c i c i o   B.2

Completa estas conversaciones colocando el verbo en cursiva en el tiempo adecuado.

1 – ¿Han .... la factura?
  – Sí.
  – ¿Cuándo la ....?
  – La *enviaron* ayer por la tarde.

2 – ¿*Has visto* el diseño que hizo Paco?
  – Sí.
  – ¿Dónde lo ....?
  – Lo .... en la Feria de Barcelona.

3 – ¿Ya se ha .... Javier?
  – Sí
  – ¿Cuándo se *fue*?
  – Se .... a las tres.

4 – ¿Has .... esa carta de Estados Unidos?
  – Sí.
  – ¡Qué bien! ¿Cuándo la *tradujiste*?
  – La .... esta mañana.

5 – ¿Habéis .... el nombre para el nuevo modelo?
  – Sí.
  – ¿Qué nombre *elegisteis*?
  – .... 'Tintero'.

6 – ¿Has .... la nómina?
  – Sí.
  – Vale. ¿Cuándo la ....?
  – La *hice* hace unos días.

7 – ¿Han .... a Paco lo del aumento?
  – Sí.
  – ¿Cuándo se lo *dijeron*?
  – Se lo .... hace una hora.

8 – ¿Ha .... el capataz a los trabajadores temporales?
  – Sí.

– ¿Cuándo los ....?

– Los *despidió* ayer.

9 – ¿Ha .... José los folletos en mi oficina?

– Sí.

– ¿Dónde los ....?

– Los *puso* en el cajón.

10 – ¿Hemos .... la contribución este mes?

– Sí.

– ¿Cuánto *pagamos*?

– .... 120.000 pesetas.

E j e r c i c i o   B.3

a   Lee el artículo sobre los Inventores del siglo XX y contesta la preguntas.

INVENTORES

Los objetos que hoy son evidentes necesitaron una mente que los imaginara. **Hubert Booth**, inventor de la aspiradora, ideó su aparato una noche, tras demonstrar a unos amigos que si aspiraban la alfombra con un pañuelo en la boca, la suciedad quedaba en el pañuelo. **Fisher** trabajó años en su lavadora y **Fuller** en su bóveda geodésica. Y, mientras **Drew** ganaba 33 dólares el año que comercializó el papel celo, Biro hizo una fortuna con su bolígrafo. Tampoco fue bueno el comienzo de Carlson, cuya fotocopiadora rechazaron 20 empresas.

1   ¿Qué necesitaron los objetos que hoy son evidentes?

2   ¿Qué inventó Herbert Booth?

3   ¿Cómo ideó su aparato?

4   ¿Cuánto tiempo trabajó Fisher con su lavadora?

5   ¿Quién desarrolló la bóveda geodésica?

6   ¿Cuánto ganó Drew el año que se comercializó el papel celo?

7   ¿Con qué hizo su fortuna Biro?

8   ¿Cuántas empresas rechazaron la fotocopiadora de Carlson?

b   Ahora completa el artículo sobre Científicos usando una sola palabra en cada espacio. Si necesitas ayuda puedes usar las palabras que están en el recuadro.

CIENTIFICOS

Fleming _____ el primer antibiótico, la penicilina, y abrió esperanzas a millones de enfermos. Chain y Florey _____ aislar este hongo, aunque para ello tuvieran que

esparcir la _____ por sus abrigos. En _____,
Ramón y **Cajal** descubrió las neuronas del sistema nervioso.
El químico **Leo Baekland** _____ el plástico,
mientras que el _____ **Christian Barnard** trasplantó
el primer corazón humano. La teoría de la _____ de
Einstein y sus estudios sobre el átomo _____ la hasta
entonces intocable física newtoniana.

		cirujano
relatividad	bacteria	descubrió
física	trasplantó	consiguieron
España	perfeccionó	derrumbaron

E j e r c i c i o   B.4

En ocasiones las preposiciones **por** y **para** pueden confundirse pero su
significado es diferente.

> *... los que hice* **para** *la botella de perfume y la caja de galletas.*
> *... gané un premio* **por** *el diseño de la botella de perfume.*

Ahora transforma las siguientes frases sin cambiar su sentido. Para ello,
sustituye las expresiones en cursiva por otras similares de entre las que
están en el recuadro. Mira el ejemplo.

antes del mediodía	*urgentemente*
fui empleada de	*de momento*
que pagar	*a mí no me interesan*
antes del miércoles	*si quieres pagar*
el doble	

Ejemplo
Por ahora no necesitamos más empleados.
De momento no necesitamos más empleados.

1 Le envié un fax *por la mañana*.
2 Tenemos muchas facturas *por pagar*.
3 Necesitamos dos secretarias *para ahora mismo*.
4 Lo quiero *para mañana martes*.
5 *Por mí* quédate con todas las acciones.
6 *Para pagar* todo lo que debes, necesitas un millón de pesetas.
7 Ayer trabajé *por dos*.
8 *Trabajé para* don Arturo Sandoval desde 1992 hasta 1994.

EL PRETÉRITO PERFECTO 2

Pretérito perfecto de estar + gerundio = llevar + gerundio:

He estado trabajando *en esta idea toda la semana.* =
Llevo trabajando *en esta idea toda la semana.*

Ambas frases expresan una acción que comenzó en el pasado y que llega hasta el momento presente.
Sería lo mismo que decir:

Hace *una semana que* **trabajo** *en esta idea.*

Ejercicio B.5

Transforma las siguientes frases en otras tres, según el ejemplo.

Ejemplo

Son las siete, llegó a las seis.
– ¿Cuánto tiempo lleva esperando?
– *Hace una hora que espero.*
– *He estado esperando una hora.*
– *Llevo esperando una hora.*

1 Estamos en abril, empezó a buscar trabajo en noviembre.
¿Cuánto tiempo hace que busca trabajo?

2 Es el año 1997, vinieron a vivir a esta ciudad en 1987.
¿Cuánto tiempo llevan viviendo aquí?

3 Es 19 de octubre, comenzaron las clases el día 17.
¿Cuánto tiempo hace que van a clase?

4 Se acostó ayer a las 8 de la tarde, ahora son las 8 del día siguiente.
¿Cuántas horas lleva durmiendo?

5 Empezaste a leer unos informes esta mañana a las 10, ahora son las 4 de la tarde.
¿Cuántas horas hace que estás leyendo los informes?

6 Estamos en 1998. Nuestra compañía empezó a comprar material de oficina en La Paloma Mensajera en el año 1951.
¿Cuánto tiempo hace que ustedes le compran material de oficina a La Paloma Mensajera?

EL ARTÍCULO NEUTRO LO

Es invariable y va antes de un adjetivo, un participio o de un relativo para expresar una idea abstracta:

Lo *interesante es como resolvieron el problema de la luz...*
Es increíble **lo** *rápido que imprime esta impresora.*
Por **lo** *menos, eso fue* **lo** *que quise decir...*

Y expresiones adverbiales como:

por lo menos   a lo lejos
a lo mejor   por lo tanto
por lo visto   a lo largo de

E j e r c i c i o   B.6

Elige la opción adecuada para sustituir la expresión en cursiva.

1 Allí, *en la distancia*, se puede ver la fábrica.
   a a lo largo de
   b a lo lejos
2 Perdí mi maleta, pero *afortunadamente*, tenía mi pasaporte en el bolsillo.
   a por lo menos
   b por lo tanto
3 *No sé, quizá* tomó el siguiente vuelo.
   a A lo mejor
   b Por lo tanto
4 Los precios han bajado, *así que* podremos comprar más.
   a a lo largo de
   b por lo tanto
5 *Parece que* Juan se va a otra empresa.
   a por lo visto
   b por lo menos

SECCIÓN C: COMUNICACIÓN

E j e r c i c i o   C.1

En un intento de aumentar la productividad de los empleados de su compañía, el señor Roldán ha encargado una auditoría sobre los sistemas de trabjo en su empresa. Para llevar a cabo su análisis, los investigadores tienen que hacer preguntas sobre el horario de los empleados.

Con un/a compañero/a, haz preguntas sobre su horario de la semana pasada.

Una persona debe usar los diarios en la página 74 para hacer y responder preguntas. La otra persona debe usar la información en la página 198, para completar los diarios.

Haz preguntas como: *¿Qué hiciste el lunes por la mañana?*

LUNES (MONDAY)	AM	PM
24		Estar en la oficina.

MARTES (TUESDAY)	AM	PM
25	Reunirse con Bill	Ir al banco

MIÉRCOLES (WEDNESDAY)	AM	PM
26	Asistir a una conferencia sobre competitividad en la CE	

JUEVES (THURSDAY)	AM	PM
27	Hablar sobre el nuevo plan de comercialización.	Estar en la oficina.

VIERNES (FRIDAY)	AM	PM
28	Escribir a agencias extranjeras.	Ir pronto a casa!

SÁBADO (SATURDAY)	AM	PM
29	Jugar golf con Saúl	

DOMINGO (SUNDAY)	AM	PM
30	Visitar a los abuelos	

AM	PM	LUNES (MONDAY)
		01

AM	PM	MARTES (TUESDAY)
		02

AM	PM	MIÉRCOLES (WEDNESDAY)
		03

AM	PM	JUEVES (THURSDAY)
		04

AM	PM	VIERNES (FRIDAY)
		05

AM	PM	SÁBADO (SATURDAY)
		06

AM	PM	DOMINGO (SUNDAY)
		07

E j e r c i c i o   C.2

El 600 se convirtió en el utilitario más popular y en emblema de la nueva España. Nació en 1957.

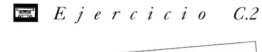

En 1966 se presentó el modelo 850

El 850 Sport, el deportivo español de los setenta.

El 1500 fue el primer Seat que se exportó. ¿Su destino? Colombia.

Escucha la historia de SEAT e indica el orden de los acontecimientos,
numerando los casilleros cronológicamente de 1 a 10.

- ☐   Fiat se retiró de España.
- ☐   Fiat vendió sus acciones en Seat al INI.
- ☐   Comenzó a fabricarse el 600.
- ☐   Volkswagen adquirió el 51% de las acciones de Seat.
- ☐   Se lanzó el modelo 124.
- ☐   Seat obtuvo 8,48 millones de pesetas de beneficios.
- ☐   Seat registró unas pérdidas de 12.756 millones de pesetas.
- ☐   Se firmaron acuerdos con Volkswagen.
- ☐   Las exportaciones alcanzaron 84.542 unidades al final del año.
- ☐   Se inauguró la sede central en Madrid.

E j e r c i c i o   C.3

Di si las siguientes frases son verdaderas o falsas.

                                   V   **F**

1 Los bancos y Fiat aportaron la mayoría de la capital
   de Seat.
2 En 1953 hubo 38 millones de pesetas de beneficios
   para Seat.
3 Seat llegó a figurar entre las grandes fábricas de
   automóviles en 1964.
4 En 1979 se firmó un acuerdo de cooperación con Fiat.
5 Fiat llegó a tener el 95% de las acciones de Seat.
6 Volkswagen controla casi la totalidad de las acciones
   de Seat.

E j e r c i c i o   C.4

Completa la historia de Seat con el verbo apropiado de entre los que están
en el recuadro.

alcanzar	constituir	abandonar
salir	comprar	inaugurar
firmar (x2)	subir	adquirir
empezar	registrar	obtener
aumentar	ser	cubrir

La Sociedad Española de Automóviles de Turismo, Seat, se .... en
1950, y en 1953 .... de la fábrica el primer coche. 1953 también
.... el primer año en que se .... beneficios, que
.... a 38 millones de pesetas en 1954. Diez años después se
.... la sede central en Madrid y en 1965 se .... a exportar

coches a Colombia. En 1979 se .... un acuerdo con Fiat, pero la compañía italiana .... el acuerdo al año siguiente. En 1982 se .... acuerdos con Volkswagen y las exportaciones .... cifras récord al año siguiente. Tres años después Volkswagen .... el 51% de las acciones de la empresa española y el gobierno .... las pérdidas y el coste de la reducción de empleos. A pesar de que Volkswagen .... el 99,99% de las acciones de Seat en 1990 y la producción .... en los años siguientes, la compañía .... unas pérdidas de 12.756 millones de pesetas en 1993.

Ejercicio C.5

Trabajo en parejas

Acabas de regresar de un viaje al norte del país. Tú jefe va a ir la semana que viene y quiere saber que ocurrió durante el viaje. En parejas haced y contestad las preguntas.

Ejemplo

Dónde /ir

– *¿Dónde fuiste?*
– *Fui a Oviedo.*

1	Cómo/ir	5	Cuánto tiempo/estar
2	Cuánto tiempo/tardar	6	Por qué/ir
3	Dónde/alojar	7	Quién/ver
4	Cuánto/costar	8	Cuánto/gastar

Ejercicio C.6

Pregunta a un/a compañero/a cuando fue la última vez que hizo estas cosas.

Ejemplo

Hacer un viaje negocios

– *¿Cuándo fue la última vez que hiciste un viaje de negocios?*
– *La última vez que hice un viaje de negocios fue hace un mes.*

1 Comprar un coche nuevo.
2 Recibir un aumento de sueldo.
3 Tener que despedir a alguien.
4 Ir a la fábrica.
5 Tomar unas vacaciones.
6 Asistir a una conferencia.
7 Revisar el cash flow.
8 Solicitar un trabajo.
9 Visitar España.
10 Comer con aquel cliente.

E j e r c i c i o   C.7

a   Mira el gráfico y completa la descripción que se da sobre las ventas de
una compañía durante el periodo que va de 1989 a 1994.
Para completar dicha descripción escoge la palabra adecuada, en su
forma correcta, de entre las que están en los recuadros. Sólo puedes
usar las palabras una vez.

Verbos	**Sustantivos**
crecer	*el crecimiento*
aumentar	*el aumento*
incrementar	*el incremento*
disminuir	*la disminución*
reducir	*la reducción*
bajar	*la bajada*
descender	*el descenso*
calcular	*el cálculo*
estimar	*la estimación*
registrar(se)	*el registro*

Adjetivos	**Adverbios**	**Expresiones**
evitable		
inevitable	*inevitablmente*	*a principios de ...*
considerable	*considerablemente*	*a mediados de ...*
suficiente	*suficientemente*	*a finales de ...*
insuficiente	*insuficientemente*	
pequeño		
grande		
mucho	*mucho*	
poco	*poco*	
	nada	
bastante	*bastante*	
más	*más*	
	muy	

Las ventas .... de 30 a 10 millones en el año 1989. Entre 1989 y
1990 hubo un ligero .... de 10 millones. Este aumento se mantuvo
estable hasta 1992, a partir de ese año el .... en las ventas se
disparó, hasta alcanzar los 50 millones de pesetas al terminar el año. Esto
se debió a la Exhibición Universal que se celebró en nuestra ciudad en ese
año.
Pero desde 1993 hasta 1994 el .... fue ...., ya que a
finales del año 1994 sólo .... ventas por un total de 5 millones.

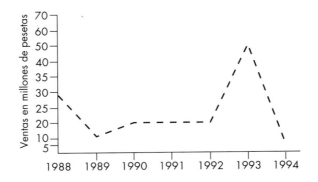

b Trabajo en parejas

La personal A trabaja con la información de esta página, y la persona B con la de la página 198.

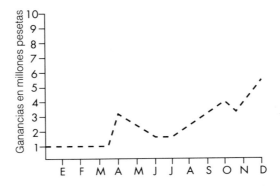

1 El gráfico muestra las ganancias de una compañía, en millones de pesetas, a lo largo de un año. Descríbeselo a la persona B.
   Da alguna razón para explicar los cambios.
   Recuerda que puedes utilizar las palabras que están en los recuadros al principio del ejercicio.

2 Ahora escucha la descripción que te da tu compañero/a sobre el índice de inflacción en el país durante un año y completa el siguiente gráfico.

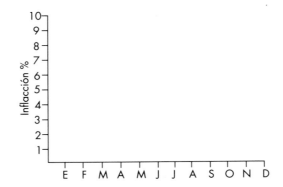

T AL COMO ÉRAMOS

In this unit you will:

- Practise the imperfect tense
- Practise indirect speech
- Practise the relative pronoun *cuyo*
- Practise the pluperfect
- Describe how things have changed

SECCIÓN A: INTRODUCCIÓN

Ejercicio A.1

Escucha la conversación entre Mario García Barbón y David Salter, luego contesta las preguntas.

1 Según Mario ¿cómo son las diferencias entre el consumidor español y el europeo?
2 ¿Cómo es la población española con respecto a la europea?
3 Cita las cinco situaciones que se daban en España, no hace mucho, según Mario García Barbón.
4 ¿Qué supone David Salter con respecto a los españoles y los estudios de mercado?
5 Según Mario ¿por qué era así la situación?

Ejercicio A.2

Las expresiones 1–6 aparecían en el diálogo. Relaciónalas con las expresiones a–f.

1 Pues no decías que...
2 Las diferencias eran mínimas.
3 Se solía comprar en la tienda de la esquina.
4 No había muchos supermercados.

5 Mucha gente trabajaba en el campo y vivía en pueblos pequeños.

6 Supongo que no estaban acostumbrados a hacer estudios de mercado.

a La gente hacía la compra en la tienda local.

b Imagino que no era corriente investigar el mercado.

c Pero no comentabas que...

d Eran casi iguales.

e Los autoservicios eran escasos.

f La mayoría de la población era rural.

Ejercicio A.3

Los siguientes sustantivos aparecían en la conversación que mantenían Mario y David en la cinta que acabas de escuchar. Encuentra el verbo relacionado con cada sustantivo y luego utiliza cada verbo, en el pretérito imperfecto, para formar una frase. Mira el ejemplo.

Ejemplo

la competencia: *competir*
Durante la autarquía las empresas españolas sólo competían con otras empresas nacionales.

1 el comienzo **4** la composición

2 la diferenia **5** el estudio

3 el consumidor **6** la necesidad

Ejercicio A.4

David y Mario continúan charlando. Escucha lo que dicen y luego completa las partes que faltan en el siguiente diálogo.

DAVID:	Vi en el vídeo que .... mucho con la radio, pero .... ya no .... tanto con ese medio, ¿por qué?
MARIO:	Sí, sí .... nos .... mucho a la radio, pero .... tantas emisoras. .... los clientes .... bien .... mucho del trabajo .... para las radios locales y regionales.
	Además, después de la llegada de la televisión, la radio perdió mucha audiencia.
	También hubo un cambio en nuestros clientes. ...., las empresas se .... únicamente en la producción y no tanto en la presentación del producto, ya que .... igual. Antes de la llegada de la televisión la imagen .... para mucho. Sin embargo, con la entrada masiva de este medio en los hogares españoles, se empezaron a hacer anuncios con más impacto visual.

DAVID:	Porque ya .... competencia de otros productos extranjeros ¿no?
MARIO:	Y no solamente extranjeros. Así que aquellos anunciantes cuyos productos .... fácilmente a los medios visuales .... que cambiar. Porque, o .... cuotas de mercado.
DAVID:	Y allí .... ustedes.
MARIO:	Nosotros y muchas agencias más. En .... las inversiones publicitarias se .... por diez. Otro dato importante, que ...., ... el patrocinio.
DAVID:	¿El patrocinio? no entiendo esa palabra.
MARIO	Cuando una compañía o empresa aporta dinero para ayudar a financiar, deportes o artes.
DAVID:	Ah, ya.
MARIO	Las empresas .... la importancia actual de la imagen y .... por mejorarla, y es por eso que ahora hasta hay bancos patrocinando deportes, algo que ....

E j e r c i c i o A.5

Lee **Ayer y Hoy** y completa las frases con las palabras y verbos que faltan. Utiliza los verbos en el presente o pretérito imperfecto según corresponda.

Ayer y **Hoy**

 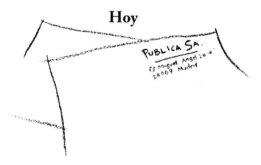

1 **a** Antes .... las oficinas en Salamanca.

b Ahora las .... Madrid. (tener)

2 **a** Hace unos años se .... en trenes de vapor.

b En la actualidad se .... trenes de alta velocidad. (viajar)

3 a En 1956, Yagor .... una fábrica muy pequeña.

b Hoy .... enorme. (ser)

4 a Cuando empecé a trabajar .... a la oficina en autobús.

b Ahora .... mi coche. (ir)

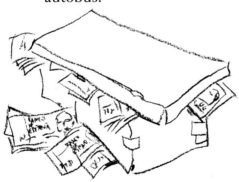

5 a Cuando era joven .... mi dinero dentro de una caja.

b Ahora lo .... un banco. (poner)

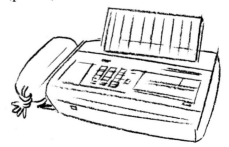

6 a Hace unos años, nosotros .... muchos telegramas.

b Hoy en día .... faxes. (enviar)

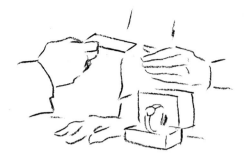

7 **a** Hace 30 años .... mis cuentas con dinero en efectivo.

b Pero ahora las .... tarjetas de crédito. (pagar)

8 **a** Yo antes casi nunca .... horas extras.

b Ahora las .... casi todos los días. (hacer)

E j e r c i c i o   A.6

Lee la carta que Sophie Bourdet, directora comercial de la compañía francesa SunnY, le escribe a Jesús Herrera y termina las frases con la opción correcta.

1 Sophie le escribe a Jesús una carta de
   a presentación de la compañía.
   b agradecimiento por la invitación.
   c cancelación de las negociaciones.

2 Sophie dice que
   a estaban muy interesados en unir las dos compañías.
   b pensaban que iba a ser difícil entenderse.
   c era una proposición con muchas limitaciones.

3 Sophie explica que ya habían
   a hecho la reorganización de SunnY.
   b planeado la reorganización de SunnY.
   c resuelto el problema de la reorganización de SunnY.

4 El resultado del pasado ejercicio
   a no tiene nada que ver con lo que esperaban.
   b era de esperar.
   c no se sabe todavía.

5 Los planes que habían hecho en SunnY tienen que ser cambiados debido a

a la inflacción existente.

b la quiebra de su mejor cliente.

c la negativa de su banco a darles más crédito.

SunnY S.A.
43 Rue Baumé, 73443 Paris CEDEX 16
Tel.457 211034-Fax.45299001

Publica S.A.
C/ Miquel Angel, 20 - 6°
28010 Madrid

24 de marzo

Estimado Señor Herrera,

La presente es para confirmarle nuestra conversación telefónica con don Joaquín Martín, el pasado día 24.

Muchas gracias por su carta en la que nos invitaba a visitar sus oficinas en Madrid. Lamentamos tener que informarle que no vamos a poder aceptar su invitación. Como sabe, estábamos muy interesados en la posibilidad de una unión entre nuestras dos empresas ya que pensábamos que sería provechoso para las dos partes, y que íbamos a tener el tiempo y los recursos suficientes para hacer realidad esa proposición.

Sin embargo, al hacer un estudio más detallado de las implicaciones financieras, las limitaciones de nuestros recursos humanos en estos momentos y la compatibilidad de nuestras dos empresas, hemos llegado a la conclusión de que SunnY no está, actualmente, en condiciones de asumir el volumen de trabajo e inversión que esa fusión implicaría.

Por otro lado, y como ya le habíamos dicho en una de nuestras primeras reuniones, teníamos planeada la reorganización de nuestra empresa, con lo cual el problema de los rescursos humanos estaba resuelto. Pero el resultado del pasado ejercicio no ha sido lo que esperábamos, debido a la quiebra de nuestro mejor cliente, el cual cerró su compañía adeudándonos una significativa suma de dinero. Por lo tanto, los planes que habíamos hecho tendrán que acomodarse a la nueva situación económica.

Aprovechamos esta oportunidad para saludarle.

Atentemente,

Sophie Bourdet

Sophie Bourdet
Directora Comercial

 E j e r c i c i o   A.7

Antes de enviar la carta Sophie Bourdet habló con Joaquín Martín. Más tarde Joaquín le explicó a Jesús lo que Sophie le había dicho.

Escucha la cinta y toma el papel de Joaquín para explicarle a Jesús lo que te ha comunicado Sophie. Mira el ejemplo.

Ejemplo

Joaquín:

- Dijo que *quería hablar contigo*

- Se disculpó diciendo que ...
- Insistió en que ...
- Dijo que ...
- Explicó que ...
- Señaló que ...
- Afirmó que ...
- Explicó que ...
- Insistió en que ...
- Señaló que ...
- Se disculpó diciendo que ...
- Insistió en que ...
- Preguntó si ...

E j e r c i c i o   A.8

Ordena los siguientes diálogos de forma lógica.

1   — **a**   Ah sí, no me acordaba, lo tengo en mi fichero.
   — **b**   ¿Laura dónde pusiste el informe de DSD?
   — **c**   Pero si te lo di cuando salíamos de la reunión con Joaquín.
   — **d**   No lo puse en ninguna parte porque no me lo diste.

2   — **a**   Pues yo creía que ese negocio iba a ser fácil.
   — **b**   La verdad no me fue tan bien como esperaba.
   — **c**   Sí yo también, pero al final exigían demasiado.
   — **d**   ¿Y qué tal te ha ido en Nueva York?

3   — **a**   Ayer cuando llamó me dijo que iba a llegar a las siete.
   — **b**   Sí que lo es. ¿Le habrá pasado algo?
   — **c**   ¿A qué hora dijo que iba a estar aquí?
   — **d**   Pues ya son las siete y media, y yo pensaba que era muy puntual.

4   — **a**   ¿Y qué pasó, por qué cambiasteis?
   — **b**   ¿Y qué tal os va ahora?
   — **c**   Pues porque cuando comenzamos a hacer negocios con Inglaterra era
            un problema comunicarse con ellos por teléfono. Cuando ellos
            llamaban, nosotros estábamos comiendo y cuando llamábamos
            nosotros, ellos ya se habían ido.
   — **d**   Mejor de lo que esperábamos.
   — **e**   Pues antes trabajábamos de nueve a una y por la tarde de cuatro a ocho.

Ejercicio A.9
Lee el siguiente texto.

Jesús Serra Santamans, que hasta ahora ocupaba el cargo de vicepresidente del Consejo de Administración de Catalana de Occidente, ha sido nombrado presidente de esta compañía cubriendo el puesto que desempeñaba desde 1959 el anterior presidente, **José María Juncadella Burés**, fallecido recientemente. Serra Santamans ha sido director general y consejero delegado de esta compañía desde 1959 hasta 1991, fecha en que pasó a desempeñar la vicepresidencia. Ha sido también presidente del organismo de Investigación Cooperativa entre Entidades Aseguradoras (ICEA), durante 15 años, y presidente de la Compañía Española de Seguros de Crédito y Caución. Asimismo, posee la medalla de oro al Mérito en el Seguro. El puesto de vicepresidente del Consejo de Administración de Catalana de Occidente será cubierto por **Javier Villavecchia**, que ocupó durante varios años el cargo de director general de inversiones.

Santiago Martinez ha sido nombrado recientemente nuevo socio y director general de AGR. Martínez tiene una dilatada experiencia profesional en el sector de la publicidad. Ha ocupado puestos directivos en distintas agencias, como Danis B&B, Lintas, BO&M, Eurocon Advertising y Número Uno Comunicación.

Doug Rowan, Doug Wheeler y **Marl Mineta Clapp** han sido nombrados nuevos vicepresidentes de Ungermann-Bass. Doug Rowan, que ocupará la vicepresidencia de la organización mundial de ventas, procede de AXS, Optical Technology Resource, compañía de software de gestión de imágenes de la que era presidente, y anteriormente había prestado sus servicios durante 22 años en IBM. Doug Wheeler, que se responsabilizará del área de marketing, era hasta su nombramiento miembro del equipo ejecutivo de Unix Systems Laboratoris (USL). Mari Mineta Clapp, que se responsabilizará de las relaciones corporativas de Ungermann-Bass, procede de la consultora de alta tecnología Regis Mc Kenne Inc.

Angel Rojo ha sido nombrado recientemente director general de AST Computer en España, filial de la multinacional fabricante de ordenadores personales de igual nombre. Es licenciado en Informática por la Universidad Politécnica de Madrid, diplomado en Dirección Comercial y Marketing por la Cámara de Comercio e Industria de Madrid y diplomado en Dirección de Empresas por Krauthamer Internacional. Rojo ha desempeñado la dirección comercial en la subsidiaria española de Microsoft y ha trabajado anteriormente en la división de informática de Howson-Algraphy, del Grupo Dupont.

Antonio del Valle Alonso, leonés de 38 años, ha sido nombrado por el Consejo de Administración de Hullera Vasco-Leonesa, empresa explotadora de la cuenca hullera Ciñera-Matallana, director general de la compañía. Es ingeniero superior de Minas y ha cursado los estudios de especialización Mining Engineering Management Training, con la firma británica British Mining Consultants Limited, y The National Coal Board en el Reino Unido, desde octubre de 1984 hasta febrero de 1986. Ha trabajado como ingeniero jefe y co director de grandes obras en la empresa que ahora le nombra director general.

Javier Nebreda Coterillo, bilbaíno 39 años, ha sido nombrado director de posventa de Fasa Renault, cargo que desempeñaba hasta ahora Alain Margaritopol, que pasa a desempeñar el puesto de director comercial de la Dirección Regional de Toulouse (Francia). Nebreda es ingeniero industrial y ha realizado estudios de dirección y organización de empresas en distintos países. Pertenece al Grupo Renault desde octubre de 1988, desempeñando sucesivamente en el mismo, entre otras responsabilidades, las funciones de director asistente de compras del grupo en Paris, la dirección de compras de Fasa Reanult y la dirección de compras internacionales del GIE Purchasing Renault/Volvo, Desde 1992 se ocupaba también de la coordinación de la calidad total en Fasa Reanult.

Gabriel Toledo, hermano del fallecido ex presidente del BBV, ha sido nombrado director general de Argón en sustitución de Félix Barros Argón, especializada en gases industriales, está controlada por el grupo estadounidense Union Carbide a través de Praxair.

a Averigua quién es el personaje.

1 Es ingeniero industrial y ha trabajado para la misma compañía desde el año 1988, con cargos como: director asisitente de compras del grupo, en la capital francesa y la coordinación de la calidad total en Fasa Renault.

2 Está licenciado en Informática, diplomado en Dirección Comercial y Marketing y en Dirección de Empresas. Antes trabajaba en la división de informática de Howson-Algraphy, del Grupo Dupont y ahora trabaja en AST Computer en España.

3 Nació en León. Trabajó con una compañía británica durante quince meses. Ahora es el director de la empresa en la que antes trabajaba como ingeniero jefe y como director de grandes obras.

4 Acaba de ser nombrado director general de una compañía especializada en gases industriales. Su hermano, que era presidente del Banco del Bilbao-Vizcaya, se murió hace poco.

b Según el contexto de la lectura, elige la respuesta adecuada.

1 *Ha fallecido recientemente*, quiere decir que
   a se murió hace poco.
   b lo despidieron hace poco.

2 *El puesto será cubierto por Javier*, quiere decir que
   a taparon el ordenador personal de Javier.
   b Javier fue nombrado para ese cargo.

3 *Él tiene una dilatada experiencia*, quiere decir que
   a tiene unos conocimientos muy amplios.
   b tiene muchas y variadas obligaciones.

4 *Había prestado sus servicios en IBM*, quiere decir que
   a le había dejado a IBM sus sistema para programar ordenadores personales.
   b había trabajado con IBM.

5 *Ha cursado sus estudios en el Reindo Unido*, quiere decir que
   a había enviado sus informes al Reino Unido.
   b había estudiado en el Reino Unido.

SECCIÓN B: CONSOLIDACIÓN

EL PRETÉRITO IMPERFECTO

Cuando hablamos de acciones en el pasado pero que están en desarrollo, usamos el pretérito imperfecto.

1 La terminación de los verbos regulares es:

	–ar	–er	–ir
sing.	compr**aba**	quer**ía**	viv**ía**
	compr**abas**	quer**ías**	viv**ías**
	compr**aba**	quer**ía**	viv**ía**
pl.	compr**ábamos**	quer**íamos**	viv**íamos**
	compr**abais**	quer**íais**	viv**íais**
	compr**aban**	quer**ían**	viv**ían**

Los únicos verbos irregulares en el imperfecto son: **ser**, **ir** y **ver**.

sing.	era	iba	veía
	eras	ibas	veías
	era	iba	veía
pl.	éramos	íbamos	veíamos
	erais	ibais	veíais
	eran	iban	veían

2 El pretérito imperfecto se usa para expresar acciones que:

● Se repetían, es decir, que era habituales en el pasado. En este caso, el pretérito imperfecto puede ir acompañado de expresiones adverbiales de tiempo tales como: **siempre, con frecuencia, antes, muchas veces, generalmente, a veces, en/verano/invierno/otoño, todos los/días/años/meses**, etc.

Para expresar una acción habitual el pretérito imperfecto se puede sustituir por el verbo defectivo **soler**. Se llama defectivo porque solamente se puede conjugar en el presente y en el pretérito imperfecto, ya que este verbo sólo expresa acciones habituales.

No hace mucho tiempo, **solíamos** *comprar en la tienda de la esquina.*

Esa expresión se puede transformar en:

No hace mucho tiempo **comprábamos** *en la tienda de la esquina.*

● Para describir el pasado:

No **había** *muchos supermercados, muy pocos* **tenían** *televisor...*

● Para contrastar el presente:

Antes **trabajábamos** *mucho con la radio pero ahora ya no trabajamos tanto.*

● Para expresar decepción:

El resultado del pasado ejercicio no ha sido tan bueno como **esperábamos**.

● Desconocimiento:

¿Ah sí? no lo **sabía**.
Yo **creía** *que...*

● La aceptación de un anterior desacuerdo:

Es verdad, no **me acordaba**.

Nota: Cuando nos referimos a una acción pasada que se interrumpe por otra, utilizamos el imperfecto para la acción que se estaba desarrollando y el indefinido para la que la interrumpe:

*Le gente **escuchaba** mucho la radio, pero con la llegada de la televisión la radio **perdió** audiencia.*

*La imagen antes no **contaba** mucho, pero **llegó** la televisión y se **empezaron** a hacer anuncios con más impacto visual.*

E j e r c i c i o   B.1

Transforma las siguientes frases sin cambiar el significado de las mismas. Sigue el ejemplo.

Ejemplo

Durante el verano solían tener jornada intensiva.

Durante el verano tenían jornada intensiva.

1 En Marke S.A. solían exportar a los países del este.
2 Ella solía hacer las cuentas el último lunes del mes.
3 Ellos solían pagar al contado.
4 Yo solía ir a todas las reuniones del sindicato de trabajadores.
5 Vosotros solíais ser muy puntuales con vuestros envíos.
6 Tú solías ver todos los documentos antes de firmarlos.

E j e r c i c i o   B.2

Completa 'La vida de Yo' con imperfecto o indefinido según corresponda. Tienes uno.

Cuando *terminé* (terminar) la escuela .... (empezar) a trabajar en un supermercado. (Yo) .... (trabajar) unas nueve horas diarias. .... (tener) que reponer las cosas en las estanterías. .... (ser) un trabajo bastante aburrido y no me .... (pagar) mucho, sin embargo .... (trabajar) mucho y al cabo de dos años ya .... (estar) encargado del almacén.

(Yo) .... (hacer) los pedidos y ....(encargarse) del control de las existencias para todo el supermercado. .... (ganar) un buen sueldo y .... (aprender) mucho, pero no .... (sentirse) bien. .... (querer) trabajar por mi cuenta.

Finalmente .... (decidir) marcharme. Con un socio .... (establecer) mi propio supermercado. Entonces sí que .... (darse) cuenta de lo que .... (ser) trabajar. Mi socio y yo .... (trabajar) las veinticuatro horas del día. Pero el esfuerzo .... (valer) la pena y .... (dar) resultado pues .... (abrir) un segundo supermercado.

Al cabo de quince años .... (tener) diez supermercados en toda la zona sur del país. Más tarde .... (comenzar) a abrir otros en el centro y en el norte, hasta que nuestra empresa .... (llegar) a ser una de las más grandes en la rama de la alimentación en el país.

EL PRONOMBRE RELATIVO CUYO

Expresa posesión y puede referirse a personas o cosas. Tiene género y número: **Cuya/os/as**, y concuerda en género y número con el sustantivo que le sigue.

*Aquellos anunciantes **cuyos** productos no se trasladaban fácilmente a los medios visuales tuvieron que cambiar...*

Ejercicio B.3

Une las siguientes frases utilizando el relativo adecuado (cuyo/a/os/as). Mira el ejemplo.

Ejemplo

La cartera de Luis está aquí. Luis fue a buscar la chequera.
Luis, *cuya cartera está aquí, fue a buscar la chequera.*

1 Raúl trabaja en Publica. Los diseños de Raúl recibieron un premio.
Raúl ...
2 La fábrica de ese señor está en Santander. El vive en Madrid.
El señor ...
3 Magdalena fue elegida presidenta por la junta de accionistas. Sus tías fundaron la compañía.
Magdalena ...
4 Lorenzo es el jefe de personal de Magetesa. No recuerdo su apellido.
Lorenzo ...

EL PRETÉRITO PLUSCUAMPERFECTO

Cuando hablamos de una acción pasada, anterior a otra de la que ya habíamos hablado, utilizamos el pluscuamperfecto.

*Por otro lado, y como ya le **habíamos dicho** en una de nuestras anteriores reuniones ...*
*Los planes que **habíamos hecho** tendrán que acomodarse a la nueva situación económica.*

El pretérito pluscuamperfecto se forma con el pretérito imperfecto del verbo **haber** más el participio pasado del verbo que se conjuga.

Ejercicio B.4

Responde a las preguntas según el ejemplo usando el pretérito pluscuamperfecto.

Ejemplo

¿Por qué no compraste el coche?
Porque *cuando llegué ya lo habían vendido.*

vender

ser / superar

1 ¿Por qué retiraron los modelos
del mercado?
Porque ...

insultar

2 ¿Por qué le despidieron?
Porque ...

quedar

3 ¿Por qué no vendían más?
Porque ...

Presupuesto para
Investigación y
Desarrollo   = Ptas.260
millones.

Invertir

4 ¿Cómo llegó a desarrollar el
prototipo tan rápidamente?
Porque ...

Yes,
I speak
English.

?

responder

5 ¿Cuál de los candidatos elegiste?
El que ...

contaminar

6 ¿Por qué multaron a la empresa?
Porque ...

dar

7 ¿Cómo entraste en su oficina?
Es que ...

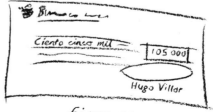

firmar

8 ¿Por qué devolvieron el cheque?
Porque Hugo ...

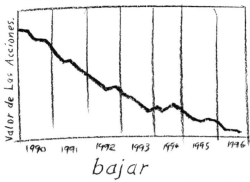

bajar

9 ¿Por qué vendió sus acciones?
Porque ...

decir

10 ¿Cómo sabías de su renuncia?
Porque .... Antonia.

EL ESTILO INDIRECTO 1

Se usa cuando contamos lo que otra persona ha dicho.

MARIO:	Las diferencias entre el consumidor español y el europeo **son** mínimas. (estilo directo)
DAVID:	Pero dijo que las diferencias entre el consumidor español y el europeo **eran** mínimas. (estilo indirecto)

a Los verbos cambian así:

- Presente ⟶ pretérito imperfecto

  Tenemos *una de las poblaciones más jóvenes de Europa.*
  Dijo que **teníamos** *una de las poblaciones más jóvenes de Europa.*

- Futuro ⟶ condicional

  Las inversiones en publicidad **se multiplicarán** *en los próximos años*
  Dijo que Las inversiones en publicidad se **multiplicarían** *en los próximos años.*

- Pretérito indefinido ⟶ pretérito pluscuamperfecto

  La radio **perdió** *mucha audiencia.*
  Dijo que la radio **había perdido** *mucha audiencia.*

- Pretérito perfecto ⟶ pretérito pluscuamperfecto

  Muchas empresas **han patrocinado** *actividades artísticas y deportivas.*
  Dijo que muchas empresas **habían patrocinado** *actividades artísticas y deportivas.*

b Además del verbo **decir**, otros verbos que normalmente se usan para introducir una frase indirecta son: **opinar, explicar, declarar, comentar**, etc. Y siempre seguidos de la conjunción **que**.

> *El presidente dijo, 'No hay más despidos.'*
>
> *El presidente* { **dijo**, **comentó que** *no* **había** *más despidos* **declaró** }

c Si queremos contar lo que nos han preguntado se expresa así:

> *¿Dónde se hace la reunión esta vez?*

*Preguntó dónde se **hacía** la reunión esta vez.*

¿Qué hora es?
*Preguntó qué hora **era**.*

d   Cuando en la pregunta directa no hay ningún pronombre relativo, usamos la
conjunción **si**.

¿Vas a ir a la reunión?
*Preguntó **si iba** a ir a la reunión.*

¿Quieres leer la carta de Sophie?
*Preguntó **si quería** leer la carta de Sophie.*

E j e r c i c i o   B.5
Completa las siguientes conversaciones, según el ejemplo.

Ejemplo
–   A partir del año que viene ganaré 5.000 pesetas más al mes.
–   ¿Qué dijo?
–   *Que a partir del año que viene ganaría 5.000 pesetas más al mes.*

1   –   ¿Vais a ir a la exhibición?
       –   ¿Qué preguntó?
2   –   Tengo otros modelos más modernos en la otra sala.
       –   ¿Qué dijo?
3   –   ¿Puedo tener el día libre mañana?
       –   ¿Qué te preguntó?
4   –   No sé si invertir todo mi dinero en la Bolsa.
       –   ¿Qué te ha dicho?
5   –   Definitivamente mañana hablaré con el jefe de personal.
       –   ¿Qué dijo?
6   –   ¿Le importa quedarse hasta más tarde hoy?, es que hay que terminar
           este trabajo para mañana.
       –   ¿Qué te preguntó?

SECCIÓN C: COMUNICACIÓN

E j e r c i c i o   C.1
David Salter y Mario García Barbón siguen hablando. Escucha la
conversación y explícale a un/a compañero/a, con tus propias palabras, qué
hacía Mario antes de trabajar para Publica, cómo llegó a Publica y a través
de quién.

E j e r c i c i o   C.2
Elige la respuesta adecuada (a–f) para las frases (1–6).

a Es que tuvimos que ir a ver a unos clientes.
b Sí, de cuando trabajaba en Magetesa.
c Porque estuve escribiéndolo mientras almorzaba.
d ¿Ah sí?, no lo sabía.
e No fue tan interesante como esperaba.
f No, antes daba clases en la universidad.

1 David Salter también habla catalán.
2 ¿Y siempre has trabajado en publicidad?
3 ¿Pero cómo terminaste el informe tan pronto?
4 ¿Y qué tal la conferencia sobre marketing?
5 No sabía que conocías a Fernando.
6 ¿Por qué no estábais cuando vino David a visitarnos?

Ejercicio C.3

Tú estas charlando con una persona que acabas de conocer en una presentación en una feria comercial. Di tu parte en la conversación.

– Pues nuestra compañía la fundó mi padre en 1951.
– *Say that you didn't know. Ask if he started to work in his father's company when he finished his studies.*
– No, no, me fui a Alemania y estuve allí dos años.
– *Ask what he was doing there.*
– Estudiaba en la universidad y por las noches era portero en un hotel.
– *Ask what he was studying.*
– Estaba haciendo un master en comunicación y publicidad.
– *Ask if he knew how to speak German when he went.*
– Sí estudié alemán en el bachillerato y luego lo seguí estudiando por mi cuenta... Bueno ¿Y tú cómo es que hablas inglés tan bien?
– *Say you were living in England for five years.*
– ¿Dónde?
– *Say you lived in London.*
– ¿Y qué hacías allí?
– *Say you worked as an agent for a Spanish export company.*
– ¿Y desde cuándo estás en España?
– *Say you returned two years ago.*

Ejercicio C.4

Trabajo en parejas
La persona A trabaja con los datos de esta página y la persona B con los de la página 199.

Persona A

Lee a la persona B los acontecimientos de la empresa Persán que están en la columna **Antes**. Anota como responde a cada uno. Después la persona B te leerá los acontecimientos que faltan de la columna **Antes**. Tienes que anotar lo que te dice y responder con la respuesta que corresponde a cada acontecimiento. ¡Ojo! los acontecimientos de la columna de **Después** están mezclados.

PERSAN LIMPIA SUS CUENTAS

Persán, uno de los pocos fabricantes de detergentes con capital español, ha decidido seguir siendo independiente y plantar cara a las multinacionales. La reestructuración de la empresa ya está dando los primeros frutos, aunque los resultados todavía son inciertos.

ANTES

- En 1990 los accionistas copaban los principales puestos de responsabilidad de la empresa.
- En el consejo de administración sólo podían entrar los accionistas.
- Persán tenía 460 empleados.
- El area comercial contaba con 16 delegaciones y 125 trabajadores.
- El mercado español se consideraba como una unidad homogénea.
-
-
-
-

DESPUES

-
-
-
-
- Persán cuenta con distribuidores en Inglaterra, Irlanda, Grecia y Portugal se ha convertido en una filial comercial. Se está negociando la creación de join-ventures en Marruecos, Venezuela, Colombia y Uruguay.
- Persán ha reducido su facturación a 8.300 millones de pesetas.
- Se han invertido 260 millones de pesetas para potenciar el departamento de I&D.
- Se han lanzado 9 nuevos productos en los últimos ocho meses.

Ahora escribe, en forma narrativa, la situación de la empresa Persán **Antes**, usando las conexiones adecuadas tales como: *entonces/en aquella época/antes*, etc. Luego, cuéntaselo a un/a compañero/a.

E j e r c i c i o   C.5

Trabajo en parejas

Una persona tiene que tomar el papel de un periodista y preparar cinco preguntas para hacer a Alfredo Mata sobre la historia de su compañía. La otra persona tiene que tomar el papel de Alfredo Mata y estar preparada para contestar a las posibles preguntas. Después, cambiad los papeles y haced lo mismo, pero con diferentes preguntas.

CINESA

Cinesa, la mayor cadena de salas de cine de España, es un ejemplo de cómo los empresarios de exhibición cinematográfica vuelven a ganar dinero después se la crisis que originó el boom del video.

UN ANIVERSARIO DE CINE

Alfredo Mata, presidente de Cinesa, es uno de los empresanos que han llegado mejor preparados al nuevo despegue del negocio. El origen de Cinesa se sitúa en 1958, cuando Mata comenzó a exhibir películas del sistema cinerama.

Cinesa promovió una red de salas de cine convencionales. Alfredo Mata dio el golpe de timón definitivo en 1986. Por aquel entonces ya se había asociado con José Valle, el actual consejero delegado de la empresa. El cambio fue radical. Las butacas dejaron de ser incómodas, como sucedía en muchas salas. Los esfuerzos se dirigieron a la creación de multicines, equipados con servicios de comida rápida y aparcamiento para los espectadores. Ese clase de locales de exhibición ya se ha convertido en un complemento imprescindible para muchos centros comerciales. Alfredo Mata quería aplicar la formula norteamericana: largometrajes, comida y muchas facilidades.

Otro objetivo fue suprimir las colas. «En todas nuestras salas se puede reservar las entradas por teléfono», indica el presidente de Cinesa. La empresa también quiere implantar el sistema de pago mediante tarjeta de crédito en el momento de realizar la reserva. Además, el producto ha mejorado y las peliculas son mejores. «Hubo un tiempo, justo con la aparición del vídeo, en que las producciones dejaban mucho que desear», recuerda Alredo Mata.

Una vez colocados los cimientos, Cinesa contempla el futuro sin agobios. En 1991 la cadena facturó cerca de 3.000 millones de pesetas. Los planes de expansión son ambiciosos. A lo largo de 1993 y 1994 Cinesa tiene previsto invertir 5.000 millones de pesetas para doblar su número de salas, hasta superar las 120. Para ello cuenta con el apoyo de la multinacional cinematográfica Paramount Pictures, que a finales de 1990 compró la mitad del capital de Cinemar.

Ejercicio C.6

Trabajo de investigación y en grupo

Ahora, en grupos de tres o cuatro, investigad la historia de una empresa en vuestro pueblo o región. Preparad una presentación, en español, sobre la empresa elegida para exponerla en la clase.

Ilustrad el trabajo con fotos y/o dibujos. Si es posible, utilizad el retroproyector.

L A CANDIDATA IDEAL

In this unit you will:

- Practise the present subjunctive
- Contrast the imperfect and the preterite
- Practise expressing doubt and uncertainty
- Practise describing personal traits
- Describe how different departments work in a company

SECCIÓN A: INTRODUCCIÓN

E j e r c i c i o   A.1

a Escucha a Elvira Zubiaga hablar sobre su trabajo en Publica SA y contesta las siguientes preguntas.

1 ¿De qué cuatro cosas tiene que estar segura Elvira?
2 ¿Qué tres cosas quiere Elvira que se cumplan en el ámbito laboral?
3 ¿Es difícil el trabajo de Elvira?
4 ¿Qué teme Elvira que pase con la nueva legislación laboral?

b Las siguientes frases son falsas. Vuelve a escribirlas correctamente, según lo que oyes en la cinta. Luego dilas en voz alta.

1 El trabajo de Elvira es muy monótono, siempre hace lo mismo.
2 El área de recursos humanos le parece la más aburrida de su trabajo en Publica.
3 Ella está muy contenta porque a partir del próximo mes no va a tener tanto trabajo.
4 Elvira piensa que no existe ninguna diferencia entre los distintos departamentos de Publica.

Ejercicio A.2

Escucha esta descripción de una compañía y completa el organigrama según lo que oyes.

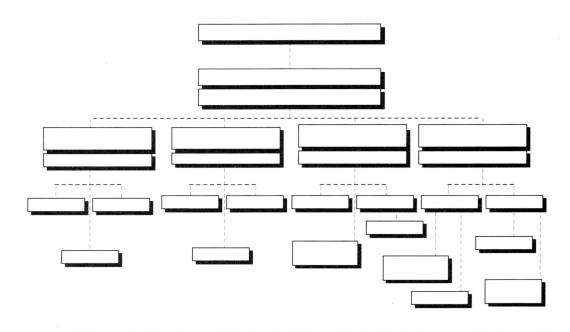

Ejercicio A3

Ahora identifica el departamento, sección u oficina según la descripción del trabajo que realicen allí.

1 Aquí se preparan cursillos para los empleados de la empresa.
2 En esta sección se calculan las ganacias y pérdidas de la empresa.
3 Aquí se elaboran los sueldos de los empleados de la empresa.
4 Esta oficina se encarga de poner anuncios en los diferentes medios.
5 José Luis González es el director de este departamento.
6 En esta sección se crean nuevos productos.
7 En esta sección trabaja un abogado.
8 Aquí se determina cómo llegan los productos a los clientes.
9 Allí se guardan las existencias que se necesitan para la fabricación y el producto final antes de su distribución.
10 La persona encargada de este departamento es una mujer.

Ejercicio A.4

Mira el anuncio y escucha la conversación que Elvira Zubiaga mantiene con uno de los candidatos al puesto de trabajo. Luego toma la parte del candidato en la conversación.

IMPORTANTE EMPRESA DEL SECTOR PUBLICITARIO

SOLICITA PARA SU DEPARTAMENTO COMERCIAL

LICENCIADOS

CON O SIN EXPERIENCIA

Se valorarán:
- Conocimientos del mercado publicitario.
- Dominio del francés y/o inglés.
- Iniciativa y don de gentes.
- Conocimientos de informática a nivel de usuario.
- Facilidad para el trabajo en equipo.

Se ofrece:
- Inmediata incorporación a importante grupo empresarial.
- Condiciones económicas a convenir.
- Beneficios sociales.
- Agradable ambiente de trabajo.

Los interesados deberán enviar su curriculum vitae, junto con una fotografía reciente, al apartado de Correos 10.624 29 612 Madrid.

ELVIRA ZUBIAGA:	Y dice usted que mientras estaba estudiando también trabajaba.
TÚ:	...
ELVIRA ZUBIAGA:	¿Y qué hacía?
TÚ:	...
ELVIRA ZUBIAGA:	¿Y de dónde sacaba el tiempo para ir a la universidad y trabajar?
TÚ:	...
ELVIRA ZUBIAGA:	Tenía que tener mucha fuerza de voluntad ... Y dígame ¿qué cualidades cree que son necesarias para este trabajo?
TÚ:	...
ELVIRA ZUBIAGA:	¿Cómo se definiría usted en tres palabras?
TÚ:	...
ELVIRA ZUBIAGA:	¿Qué le parece nuestra campaña para el aceite de uva de Clarasol?
TÚ:	...

E j e r c i c i o   A.5

Trabajo en parejas

La persona A trabaja con la información de esta página la persona B con la de la página 200.

En la conversación anterior escuchaste las cualidades que, según el aspirante, eran necesarias para el puesto de trabajo que solicitaba.

Aquí tienes algunas características típicas que se pueden encontrar en una organización española. Léelas a tu compañero/a y anota la contrapartida de las características inglesas que te da tu compañero/a.

- Importancia profesional y social de la relaciones familiares y de parentesco.
- Gran diferencia entre lo que se habla y lo que realmente se practica.
- Se cree en el control externo del individuo.
- Emotividad, sensualidad, intolerancia, impaciencia, irritabilidad.
- El individuo suele seguir al grupo.
- Poco sentido de responsabilidad.
- No suele comprenderse ni aceptarse la idea de planificar la vida y la carrera.
- Relaciones jerárquicas basadas en la dependencia y contra-dependencia.

 E j e r c i c i o   A.6

Escucha la conversación que mantienen Laura Saavedra, directora de cuentas, Elvira Zubiaga y Jesús Herrera para decidir cuál será la persona elegida para el puesto de trabajo. Después di si las siguientes frases son verdaderas o falsas. Cuando sean falsas, corrígelas.

1 La persona cuyo nivel de inglés es excelente,   **V**   **F**
   tenía una agencia.
2 La persona que se viste muy bien también es muy creativa.
3 La persona con una mente muy ágil, es muy vanidosa.
4 A la candidata le falta capacidad de diálogo.
5 La persona con una gran personalidad, habla algo de inglés.
6 La persona cuya experiencia es limitada, tiene mucha confianza en si misma.

 E j e r c i c i o   A.7

Vuelve a escuchar la cinta y marca con un ✓, en el casillero adecuado, las características que correspondan a cada candidato.

Factores / Valoración	Muy buena	Buena	Regular	Mala	Muy mala
– Formación	❏	❏	❏	❏	❏
– Aspecto	❏	❏	❏	❏	❏
– Confianza en sí mismo	❏	❏	❏	❏	❏
– Sociabilidad	❏	❏	❏	❏	❏
– Personalidad	❏	❏	❏	❏	❏
– Rapidez mental	❏	❏	❏	❏	❏
– Capacidad de diálogo	❏	❏	❏	❏	❏
– Conocimiento del trabajo	❏	❏	❏	❏	❏
– Cualificaciones para el puesto	❏	❏	❏	❏	❏
– Experiencia	❏	❏	❏	❏	❏
– Iniciativa	❏	❏	❏	❏	❏
– Impresión de conjunto	❏	❏	❏	❏	❏

Resultado

❏ Rechazo
❏ Mantener
❏ Nueva entrevista
❏ Ofrecer el puesto

Observaciones y comentarios

E j e r c i c i o   A.8

Antes de la reunión con Jesús y Laura, para elegir a la persona adecuada
para el puesto de trabajo, Elvira les envió un memorandum sobre cada uno
de los candidatos. Aquí tienes el que escribió sobre Alfredo.
Completa los espacios con el verbo adecuado en el presente de subjuntivo.

tomar	*querer*	*sentirse*
ser	*poder*	*adaptarse*
escoger		

Yo no creo que el Alfredo Martínez .... la persona que estamos buscando para este puesto. Es posible que no .... a nuestra manera de trabajar. Temo que él .... hacer las cosas a su manera ya que estaba acostumbrado a mandar en su propia compañía. Pienso que es mejor que nosotros .... a alguien a quien .... entrenar y sobre todo que .... a gusto trabajando con nosotros y que no .... este trabajo simplemente como un medio para conseguir dinero.

Ejercicio A.9

Las siguientes expresiones han aparecido en las diferentes conversaciones que has escuchado en esta unidad.
Completa las siguientes frases con la expresión adecuada y el verbo en su forma correcta.

temer que	*tener fuerza mucha de voluntad*
valer la pena	*tener confianza en sí mismo*
sacar el tiempo	

1 No creo que .... ir ahora, es demasiado tarde y no llegaremos a tiempo.
2 No sé de dónde .... Aurora. Estudia, trabaja y también juega al baloncesto.
3 Es que Aurora .... y cuando se propone algo lo hace.
4 Rodrigo .... cierren la oficina del centro.
5 Clementina nunca duda de nada. ....

Ejercicio A.10

Lee el siguiente artículo.

Cuestión de vida

Megusa adapta su actividad a los cambios del mercado

ELENA ELBAL

Metalúrgica del Guadalquivir (Megusa) es un claro ejemplo de supervivencia de un negocio familiar a lo largo de un siglo y medio de experiencia en el sector matalúrgico. Durante sus 154 años de vida ha cambiado varias veces de actividad para subsistir.

En la actualidad, el grupo Megusa está formado por dos empresas pequeñas, la Fábrica de San Clemente y Metalúrgica del Guadalquivir, con poco más de 40 operarios cada una. Desde su fundación en 1839, ha reconvertido sus instalaciones y adaptado su actividad a las exigencias de un mercado que ha sufrido profundas transformaciones.

La historia del grupo se inicia en 1958 con la asociación de pequeños empresarios sevillanos que adquirieron la Fundición de San Clemente, cuya antigüedad como industria metalúrgica era del año 1839. De la mano de sus nuevos propietarios, la sociedad realizó la mayor parte de las instalaciones aceiteras de Andalucía.

La fábrica de San Clemente, que potenció sobre todo los talleres de fundición de hierro, se convirtió en aquella época en la empresa líder de la zona en la fabricación de piezas fundidas, no sólo industriales sino también artísticas.

Con el desarrollo industrial, estos sistemas de producción se quedaron obsoletos y la fundición tuvo que readaptar sus instalaciones y reconvertirse en una empresa de mantenimiento industrial ligada a los sectores de bienes de equipo, obras públicas, construcción naval e instalaciones petroquímicas.

Más tarde, la familia Silvestre, principal propietaria de la firma sevillana, adquiere en 1978 Metalúrgica del Guadalquivir con el objetivo de ampliar un negocio que, con altibajos, registraba beneficios al final de cada ejercicio. Así comienza su incursión en la construcción naval.

Las nuevas instalaciones favorecieron el crecimiento de la empresa, que durante ese tiempo fabricó los timones y dobles fondos de muchos barcos que todavía pasean por el río Guadalquivir.

Pero la crisis también afectó a este sector y la caída en la demanda de flotas pesqueras y mercantes determinó, de nuevo, un cambio de rumbo en la compra metalúrgica que transformó su maquinaria en lo que es hoy, una calderería donde se fabrican todo tipo de estructuras metálicas.

En los últimos años, el grupo Megusa ha realizado algunas de las obras de la Expo de Sevilla, como el puente del Alamillo, que une la ciudad con la isla de la Cartuja, o la esfera bioclimática del recinto ferial.

Sin embargo, y tras un periodo de bonanza, la firma ha comenzado a sufrir los efectos de la crisis que afecta al sector. En el ejercicio de 1993 se espera una caída del 40% en la cifra de negocio, con una facturación de 250 millones de pesetas que contrasta con los 600 millones facturados el año anterior.

Para Eugenio Silvestre, máximo responsable de Megusa, "la única alternativa en estos momentos es salir al exterior y darse a conocer entre las multinacionales que se introduzcan en España".

Ahora:

a Busca sinónimos para las siguientes palabras y expresiones en el artículo.

1	anticuados	**5**	empezado	**8**	cambios bruscos
2	relacionada	**6**	formas	**9**	demandas
3	cambios	**7**	dirección	**10**	creado
4	compraron				

b Escribe un resumen de la historia del grupo Megusa.

SECCIÓN B: CONSOLIDACIÓN

EL MODO SUBJUNTIVO

Cuando hablamos de un hecho subjetivo, que no es 'real', usamos el modo subjuntivo. El modo subjuntivo puede hablar de un hecho presente, pasado o futuro, pero esto no lo indica el verbo sino el sentido general de la frase. Cuando el verbo indica si la acción es presente, pasada o futura, empleamos el modo indicativo.

> *El área de recursos humanos es una de las más interesantes de mi trabajo.*
> *Temo que el volumen de trabajo* **aumente**.

En la primera frase, Elvira Zubiaga indica que el área de recursos humanos es una de las que más le gusta en su trabajo. En la segunda, está expresando una hipótesis, la posibilidad de que su trabajo aumente, pero no es algo real ni objetivo. Las oraciones de subjuntivo dependen casi siempre de una oración principal.

> *(yo) temo*: oración principal
> *el volumen de trabajo aumente*: oración subordinada, de subjuntivo

FORMACIÓN DEL PRESENTE DE SUBJUNTIVO

La terminación de los verbos regulares es:

	–ar	**–er**	**–ir**
sing.	trabaj**e**	tem**a**	escrib**a**
	trabaj**es**	tem**as**	escrib**as**
	trabaj**e**	tem**a**	escrib**a**
pl.	trabaj**emos**	tem**amos**	escrib**amos**
	trabaj**éis**	tem**áis**	escrib**áis**
	trabaj**en**	tem**an**	escrib**an**

Aquellos verbos que son irregulares en el presente de indicativo lo son también el presente de subjuntivo.

USOS DEL PRESENTE DE SUBJUNTIVO 1

Se usa después de oraciones cuyo verbo, expresa voluntad, opinión o idea subjetiva.

Quiero *que el personal* **trabaje** *a gusto.*

Otros verbos que se pueden usar para expresar esa idea son: **esperar, sentir, preferir, temer, prohibir, mandar, insistir en**, etc.

E j e r c i c i o   B.1

Completa el siguientes artículo, escribiendo los verbos entre paréntesis en la forma correcta del presente de indicativo o de subjuntivo.

La selección de personal _____ (ser) una de las claves del éxito de cualquier empresa, pero si además esa empresa _____ (dedicarse) a la venta al público, el personal _____ (ser) vital. Las personas encargadas del proceso de selección, _____ (tener) que encontrar empleados que _____ (trabajar) duro, que _____ (ser) resistentes a las frustración, _____ (identificarse) con la filosofía de la empresa y que _____ (cuidar) su aspecto personal.

El director de personal de El Corte Inglés, Jóse María Alcañiz, _____ (añadir) otras características sin las cuales difícilmente se _____ (entrar) a formar parte de la plantilla de trabajadores de su compañía. "Nosotros _____ (querer) que nuestros empleados _____ (mostrar) una actitud positiva ante la vida, que _____ (demonstrar) capacidad de aprendizaje y que su ocupación _____ (ser) su vocación."

USOS DEL PRESENTE SUBJUNTIVO 2

Lo usamos también cuando nos referimos a una acción que no tiene muchas posibilidades de realizarse. Es decir, para expresar dudas o hipótesis. Las siguientes expresiones van seguidas por una oración de subjuntivo:

> **No creer que**
> **No estar seguro/a de que**   +   subjuntivo
> **Dudar que**

> **No creo que** *Alfredo* **sea** *la persona idónea para el puesto.*
> **Dudo que se adapte** *al ambiente que tenemos aquí.*

Observa que las siguientes expresiones van seguidas por una oración en indicativo, ya que indican seguridad o certeza:

> **Creer que**
> **Estar seguro/a de que**   +   indicativo
> **No dudar que**

> **Creo que estaba** *un poco nerviosa.*
> **Y no dudo que** *él lo* **sabe**.

Otras expresiones que indican duda e incertidumbre y que preceden al subjuntivo son:

Es dudoso
No es cierto
Es improbable   +   que   +   subjuntivo
No parece
Me sorprende

EXPRESANDO DESACUERDO SOBRE HIPÓTESIS

Si alguien expresa una hipótesis dando idea de futuro y tú no estás de acuerdo con esa idea, tu desacuerdo se expresa usando el presente de subjuntivo.

– *Estoy segura de que este anuncio ganará un premio.*
– *Pues yo no creo que gane nada. Es muy convencional.*

E j e r c i c i o   B.2

Forma diálogos utilizando las expresiones adecuadas de cada columna. Mira el ejemplo.

a estar seguro de   **b** no estar seguro de que
   creer que   no creer que
   no dudar que   dudar que

Ejemplo
a Será fácil encontrar a alguien para el puesto.
b Hay demasiados candidatos.

a *Estoy segura de que será fácil encontrar a alguien para el puesto.*
b *Dudo que lo sea, hay demasiados candidatos.*

1 **a** En la próxima reunión sabremos quién será el nuevo representante del sindicato.
   b Hay cosas más urgentes que resolver.

2 **a** Este diseño le gustará.
   b Nunca está contento con nada.

3 **a** Nos aumentarán el sueldo el año que viene.
   b La fábrica está pasando por una crisis económica.

4 **a** Van a contratar a más dibujantes.
   b Ayer escuché que querían introducir ordenadores con programas de diseño.

5 **a** Esa unión va a tener un gran futuro.
   b Su filosofía empresarial es muy distinta.

E j e r c i c i o B.3

Mira la lista de medidas que la compañía va a poner en práctica para ahorrar dinero. Conecta los comentarios de los empleados con las medidas anunciadas, colocando el verbo en la forma correcta.

AVISO

El Consejo de Administración piensa adoptar las siguientes medidas para ahorrar dinero, reducir el despilfarro y evitar despidos. Solicitamos la ayuda de todos.

1. Introducir máquinas de café para que el personal no tenga que salir a la calle durante las horas de trabajo.

2. Cualquier falta exigirá una nota médica.

3. Introducir un sistema de tarjetas para las fotocopias.

4. Reducir el volumen de llamadas telefónicas personales.

5. Vigilar las horas de llegada y salida para asegurar la puntualidad.

6. Introducir un horario de trabajo continuo.

7. Cualquier gasto de representación superior a las 5.000 pesetas requerirá la autorización previa de su jefe de sección.

8. Los vendedores viajarán en clase turista en vuelos nacionales e internacionales.

9. Limitar los aumentos para los ejecutivos a un 2,5%.

10. Suprimir los descuentos en productos Mafesa a los empleados.

Gracias

Jose Solchaga

José Solchaga

Presidente

---

a Dudo que la introducción de tarjetas .... (reducir) el volumen de fotocopias.

b No es cierto que nosotros siempre .... (llegar) tarde.

c Es improbable que los vendedores .... (estar) de acuerdo.

d No creo que la introducción de máquinas de café .... (aumentar) el rendimiento.

e Dudo que el sindicato .... (aceptar) el cambio de horario.

f No parece que la supresión de descuentos les .... (ir) a ahorrar mucho dinero.

g No estoy seguro de que ellos .... (poder) controlar el uso del teléfono.

h Me soprende que ellos .... (limitar) los aumentos.

i No creo que un certificado nos .... (hacer) inmunes a los catarros.

j Es dudoso que nosotros .... (poder) calcular cuánto vamos a necesitar de antemano.

E j e r c i c i o   B.4

Lee el siguiente artículo y luego di a cuál de las tipologías (A, B, C, D) se ajustan los comentarios (1–8):

¿ES USTED UNA PERSONA TIPO A?

«Uno de los factores de riesgo coronario que hay que considerar, aunque sea difícil de medir, es el patrón de conducta tipo A», explica José María Maroto, coordinador de la Unidad de Rehabilitación cardiaca del Hospital madrileño Ramón y Cajal y director del Centro de Rehabilitación Cardiaca de San Sebastián de los Reyes. «La persona tipo A es esa que siempre llega a tiempo, que va a por todas; que cuando se queda con él a las 12 aparece a las 11, ese señor que al conducir se pega con los demás». Las persona con estas reacciones se amiten como propensos a sufrir una enfermedad coronaria. Para cambiar esta conducta, típica en los yuppies, hay que admitir que se pertenece al patrón tipo. A. Los ejercicios de relajación, son la mejor terapia. Estos son las características del patrón A:

A
Hostilidad. Irritabilidad, encolerización fácil, rabia inhibida, cinismo, suspicacia, desconfianza, lenguaje explosivo y vigoroso, contractura del entrecejo y de las mandíbulas, gestos bruscos, golpes en la mesa.

D
Autoestima Vulnerable. Incapacidad para decir que no, sensación crónica de insuficiencia o fracaso pese al esfuerzo realizado, sentido exagerado de la seriedad, autoestima vulnerable por un sentido exacerbado de la autoexigencia y el perfeccionismo.

B
Gran Implicacion Laboral.
Profundo sentido del cumplimiento, dificultad para delegar, falta de aficiones extraprofesionales, incapacidad de relajación durante el tiempo de ocio e incluso sentido de culpabilidad por él mismo.

C
Velocidad E Impaciencia. Sensación de falta de tiempo, aceleración en las actividades cotidiana, comer rápido, irritabilidad ante retrasos o esperas, sentido exagerado de la puntualidad.

1 No vayas a almorzar con él, no te dará tiempo a comer nada.

2 Yo que tú no se lo diría, ya sabes que se pone como una fiera.

3 No hay nada que le interese, de lo único que puedes hablar con ella es sobre las cotizaciones de la Bolsa.

4 Es realmente insoportable, ayer se enfadó mientras hablaba por teléfono y lo colgó tan fuerte que lo rompió.

5 Dáselo a Juan, él lo hará. Nunca se niega a nada.

6 Pues fíjate, el avión salía a las 7, pero me hizo estar en el aeropuerto a las 4.

7 Es la persona más aburrida de este mundo. El sábado la invité a cenar y se pasó toda la noche hablándome del nuevo plan de contabilidad.

8 Le digas lo que le digas no te creerá. Su complejo de inferioridad es más fuerte que él.

IMPERFECTO/INDEFINIDO

Si hacemos referencia a una acción que comenzó en un momento del pasado cuando otra acción ya se estaba desarrollando, utilizamos el imperfecto para la acción que se estaba desarrollando y el indefinido para la que empezó a desarrollarse. (Revisa la Unidad 5.)

*Cuando **estaba** en cuarto de Derecho **empecé** a trabajar en una empresa.*

Ejercicio B.5

Juan está en el hospital con una pierna y un brazo rotos. Un amigo va a visitarlo. Completa la conversación que mantienen utilizando el imperfecto y el indefinido según corresponda.

AMIGO: ¿Y qué pasó?

JUAN: Pues que mientras .... (sacar) dinero del cajero automático me .... (robar) el coche.

AMIGO: ¿Y qué hiciste?

JUAN: Pues me .... (ir) a la policía y mientras .... (esperar) alguien .... (llevarse) los documentos del coche que .... (tener) en mi bolsillo.

AMIGO: ¿Y entonces?

JUAN: La policía me .... (mandar) a casa y cuando .... (estar/cruzar) la calle me .... (atropellar) los ladrones con mi propio coche.

AMIGO: ¡Pero qué mala pata!

JUAN: ¡Ah, pues eso no es nada! cuando los enfermeros me .... (estar/subir) a la camilla uno de ellos .... (tropezar), me soltaron y así fue como me .... (romper) el brazo.

AMIGO: ¡No sabes cuánto lo siento!

Ejercicio B.6

a Aquí tienes las definiciones de algunos adjetivos que aparecen en los diálogos de esta unidad. Encuentra el adjetivo a que se refiere en la sopa de letras.

1 Que es capaz de producir una obra artística, iniciar una empresa, una institución etc.
2 El que trata a otros con desprecio.
3 Que tiene mucha fuerza o resistencia.
4 Persona cuyos pensamientos se dirigen hacia su mundo interior.
5 Incapaz de engañar, defraudar, o apropiarse de algo que no le pertenece. Cumplidor escrupuloso de su deber.
6 Que puede representar cosas reales o inexistentes, materiales o ideales.
7 Capaz de moverse con facilidad y rapidez.
8 Persona a la que le gusta, de manera excesiva y predominante, que la admiren.

A	U	L	I	T	E	L	L	A	M	A	G	L	T
T	I	M	I	X	D	A	G	I	L	F	R	A	A
S	T	U	W	E	C	A	O	M	R	E	H	T	R
M	I	N	A	D	R	O	M	A	N	I	O	O	R
U	M	F	I	R	E	M	E	G	E	R	N	S	O
E	D	U	L	V	A	U	S	I	T	D	E	M	G
R	A	E	Ñ	A	T	E	O	N	A	I	S	E	A
G	O	R	O	L	I	B	N	A	T	A	T	O	N
I	N	T	R	O	V	E	R	T	I	D	O	L	T
E	S	E	N	I	O	R	T	I	M	A	D	L	E
D	E	B	A	L	V	A	C	V	I	S	I	O	N
Q	U	E	V	A	N	I	D	O	S	O	T	R	A
Y	O	N	O	T	E	S	A	B	A	D	V	I	D
A	S	A	B	E	N	A	L	A	V	E	S	A	I

b Ahora que ya tienes los adjetivos, relaciónalos con sus correspondientes antónimos. Te damos uno.

Anondino:
Realista:
Humilde:

Débil:
Deshonesto:
Modesto:
Extrovertido: *Introvertido*
Lento:

c Y para terminar, encuentra el sustantivo que le corresponde a cada
adjetivo de la sopa de letras. Aquí tienes uno:
Introvertido: *la introversión*

SECCIÓN C: COMUNICACIÓN

E j e r c i c i o   C.1

Trabajo en parejas

La persona A tiene que tomar el papel de la persona en esta página. La
persona B debe asumir el papel de la persona en la página 201. Después de
leer tu papel, entrevista a la otra persona para el puesto en el anuncio de la
página 99. Anota en la hoja las características del entrevistado según sus
respuestas y su personalidad. Puedes usar la entrevista del ejercicio A.4
como guía, añadiendo otras preguntas.

Persona A

Te llamas Pedro Lozano, tienes 26 años y estás soltero. Estás licenciado en
Ciencias Económicas y Empresariales por la Universidad de Sevilla.
Trabajaste en la oficina de relaciones públicas del Ayuntamiento de Sevilla
durante la Expo 92, pero no pudiste encontrar un trabajo fijo después.
Decidiste trasladarte a Madrid para ver si había más posibilidades.
Conseguiste entrar como administativo en el Banco Santander, pero te
gustaría trabajar en el mundo de la publicidad. Hablas francés y tienes
unos conocimientos básicos de inglés. En Sevilla hiciste un curso de
informática impartido por el Instituto Nacional de Empleo (INEM).

E j e r c i c i o   C.2

Ahora escribe unas líneas explicando por qué aceptas o rechazas a uno de
los dos candidatos para el puesto.

E j e r c i c i o   C.3

Trabajo en parejas

La persona A debe tomar el papel en esta página y la persona B el papel
que está en la página 201. Desarrolla la siguiente conversación entre un/a
jefe y un/a empleado/a en castellano.

A: *Tell the person to come in.*

B: ...

A: *Say thank you and tell him/her to put them over there.*

B: ...

A: *Tell him/her to put them on the table.*

B: ...

A: *Say no. Say that you want him/her to take a message to Julia.*

B: ...

A: *Tell him/her to tell Julia to come to your office at 4.00 in the afternoon.*

B: ...

A: *Say that it is necessary that she be in your office at 4.00.*

B: ...

A: *Say you suggest he/she does it as soon as possible. Say that you doubt that there will be time later..*

B: ...

A: *Say ok and goodbye.*

Ejercicio C.4

Trabajo en grupos

En la compañía Cristasol SA, el nuevo director general ha identificado numerosos problemas. En una reunión pide consejos a su equipo. En grupos de 4 o 5 ofrece posibles soluciones a las situaciones y debate la mejor. Además de las dos sugerencias dadas tenéis que encontrar más.

Ejemplo

La producción está muy repartida y atomizada.

hacer/auditoría

cerrar/fábrica provincia

Lo mejor es que **hagamos una auditoría** *de los sistemas de trabajo*

O que **cerremos las fábricas de las provincias**.

1   Nuestros vendedores no hablan inglés.
    ir/academia
    contratar/profesor

2   Hay demasiado papeleo en la empresa.
    comprar/ordenadores
    emplear/secretaria/o

3   Estamos gastando mucho dinero en mantener la flota de camiones y no se utilizan a su máximo rendimiento.
    vender/camiones
    fletar/camiones

4   Nuesto principal producto tiene una imagen anticuada y pierde cuotas de mercado.

preparar/campaña

reducir/precio

5 El departamento de investigación y desarrollo no ha creado una idea original en un año.

cerrar/departamento

aumentar/inversión

6 El nivel de absentismo laboral es muy alto.

mejorar/relaciones laborales

sancionar/culpables

E j e r c i c i o   C.5

Mira los resultados de una encuesta hecha entre 5.500 universitarios españoles y haz los ejercicios que siguen.

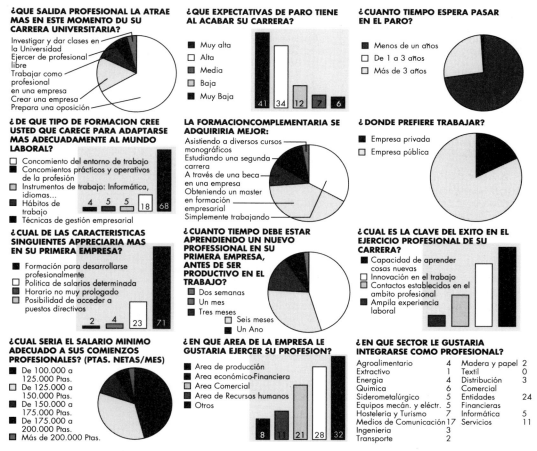

¿QUE SALIDA PROFESIONAL LA ATRAE MAS EN ESTE MOMENTO DU SU CARRERA UNIVERSITARIA?

Investigar y dar clases en la Universidad
Ejercer de profesional libre
Trabajar como profesional en una empresa
Crear una empresa
Prepara una oposición

¿QUE EXPECTATIVAS DE PARO TIENE AL ACABAR SU CARRERA?

- ■ Muy alta
- □ Alta
- ■ Media
- ■ Baja
- ■ Muy Baja

41 34 12 7 6

¿CUANTO TIEMPO ESPERA PASAR EN EL PARO?

- ■ Menos de un años
- □ De 1 a 3 años
- ■ Más de 3 años

¿ DE QUE TIPO DE FORMACION CREE USTED QUE CARECE PARA ADAPTARSE MAS ADECUADAMENTE AL MUNDO LABORAL?

- □ Concomiento del entorno de trabajo
- ■ Concomientos prácticos y operativos de la profesión
- □ Instrumentos de trabajo: Informática, idiomas...
- ■ Hábitos de trabajo
- ■ Técnicas de gestión empresarial

4 5 5 18 68

LA FORMACIONCOMPLEMENTARIA SE ADQUIRIRIA MEJOR:

Asistiendo a diversos cursos monográficos
Estudiando una segunda carrera
A través de una beca en una empresa
Obteniendo un master en formación empresarial
Simplemente trabajando

¿ DONDE PREFIERE TRABAJAR?

- ■ Empresa privada
- □ Empresa pública

¿CUAL DE LAS CARACTERISTICAS SINGUIENTES APPRECIARIA MAS EN SU PRIMERA EMPRESA?

- ■ Formación para desarrollarse profesionalmente
- □ Politica de salarios determinada
- ■ Horario no muy prologado
- ■ Posibilidad de acceder a puestos directivos

2 4 23 71

¿CUANTO TIEMPO DEBE ESTAR APRENDIENDO UN NUEVO PROFESIONAL EN SU PRIMERA EMPRESA, ANTES DE SER PRODUCTIVO EN EL TRABAJO?

- ■ Dos semanas
- ■ Un mes
- ■ Tres meses
- □ Seis meses
- ■ Un Ano

¿CUAL ES LA CLAVE DEL EXITO EN EL EJERCICIO PROFESIONAL DE SU CARRERA?

- ■ Capacidad de aprender cosas nuevas
- □ Innovación en el trabajo
- ■ Contactos establecidos en el ambito profesional
- ■ Ampila experiencia laboral

¿CUAL SERIA EL SALARIO MINIMO ADECUADO A SUS COMIENZOS PROFESIONALES? (PTAS. NETAS/MES)

- ■ De 100.000 a 125.000 Ptas.
- □ De 125.000 a 150.000 Ptas.
- ■ De 150.000 a 175.000 Ptas.
- ■ De 175.000 a 200.000 Ptas.
- ■ Más de 200.000 Ptas.

¿EN QUE AREA DE LA EMPRESA LE GUSTARIA EJERCER SU PROFESION?

- ■ Area de producción
- ■ Area económico-Financiera
- □ Area Comercial
- ■ Area de Recursos humanos
- ■ Otros

8 11 21 28 32

¿EN QUE SECTOR LE GUSTARIA INTEGRARSE COMO PROFESIONAL?

Agroalimentario	4	Madera y papel	2
Extractivo	1	Textil	0
Energia	4	Distribución	3
Quimica	6	Comercial	
Siderometalúrgico	5	Entidades	24
Equipos mecán. y eléctr.	5	Financieras	
Hosteleria y Turismo	7	Informática	5
Medios de Comunicación	17	Servicios	11
Ingenieria	3		
Transporte	2		

1 Escribe un informe resumiendo y resaltando las tendencias que refleja la encuesta.

2 Ahora di cómo responderías tú.

3 En grupos, haced la encuesta a vuestros compañeros/as y preparad un resumen según los resultados.

Ejercicio C.6

a Aquí tienes un test para saber si tu grado de ambición te ayudará a progresar o, si por el contrario, es tan exagerado que condiciona tu vida. Después de hacerlo compara el resultado con tus compañeros/as.

'TEST'

MARÍA DUEÑAS

¿Le desborda la ambición?

Ser una persona ambiciosa significa, en principio, tener interés y esforzarse por el progreso personal. Pero si ese interés supera unos límites, condiciona al sujeto y modifica su comportamiento y hasta su estabilidad psíquica, la ambición se convierte en algo nocivo y perjudicial. A usted, ¿le desborda la ambición?

1. ¿Cómo y/o cuándo establece usted sus objetivos profesionales?

a) Cuando el propio trabajo le plantea nuevas exigencias.

b) Usted no los establece, le vienen obligados desde fuera.

c) Siempre se plantea nuevas metas.

2. ¿Qué cualidades considera más positivas en el ser humano?

a) Lealtad y amistad.

b) Éxito y poder.

c) Equilibrio y autosatisfacción.

3. ¿Sacrifica o sacrificaría sus ratos de ocio o la compañía de su familia por cuestiones de trabajo?

a) Lo hace constantemente, es su obligación.

b) A veces se ve obligado a ello si tiene mucho trabajo, pero intenta evitarlo.

c) Nunca, el trabajo es sólo una parte, y no la más importante, de su vida.

4. Sinceramente, ¿qué siente cuando los que le rodean triunfan?

a) Es un estímulo.

b) Satisfacción.

c) Envidia o, cuando menos, una *pelusa* incómoda.

5. ¿En qué orden elegiría las siguientes necesidades?

a) Amor, salud, dinero.

b) Salud, dinero, amor.

c) Dinero, salud, amor.

6. ¿Considera lícito o aceptable utilizar todos los medios disponibles, incluidos los demás, para lograr sus objetivos?

a) Lógicamente sí, cada cual debe mirar por lo suyo.

b) Según las situaciones, y siempre respetando las normas y al individuo.

c) No, hay muchas conductas habituales en ciertos medios que usted considera totalmente inaceptables.

7. ¿Cree que es una persona ambiciosa? (Entiéndase por ambición el deseo ardiente de conseguir poder, riquezas, dignidades o fama).

a) Sólo en algunas cuestiones.

b) Sí, además le agradan las personas ambiciosas.

c) No, para nada; hay otras cosas que valora mucho más.

EVALUACIÓN. Predominio A. Presenta una moderada ambición a nivel general y/o focalizada en cuestiones muy particulares. No domina su existencia y muy difícilmente llega o llegará a desbordarle.

Predominio B. La palabra ambición carece de significado en su existencia, al menos en el sentido tradicional. Quizá sus mayores aspiraciones se centren en vivir con tranquilidad y a gusto con lo que tiene y es.

Predominio C. Para usted la vida sólo tiene el sentido de la superación personal; la consecución de logros, objetivos y metas; el ascenso a todos los niveles. Cuando no lo logra, se siente defraudado. Le desborda su ambición.

	1	2	3	4	5	6	7
a =	A	B	C	A	B	C	A
b =	B	C	A	C	A	B	C
c =	C	A	B	B	C	A	B

b Contesta estas preguntas.

1 Según el test, ¿eres una persona ambiciosa, estás en un término medio o no nada te interesa?

2 ¿Estás de acuerdo con la evaluación? Si no, ¿por qué no?

3 Se dice que sólo las personas con ambición llegan a tener éxito en la vida. ¿Qué piensas de esa afirmación?

4 ¿Qué piensas de este tipo de tests?

U N BUEN CONSEJO

In this unit you will:

- Practise the use of the subjunctive after impersonal phrases
- Practise the use of the subjunctive after certain expressions
- Practise expressions with the verb *poner*
- Practise asking and giving advice
- Practise expressing hopes and possibilities
- Use legal and financial vocabulary

SECCIÓN A: INTRODUCCIÓN

E j e r c i c i o *A.1*

Escucha la conversación entre David Salter y el gestor Pablo Aranguren y completa los espacios en blanco con la palabra adecuada.

DAVID SALTER:	¿Y cuáles son las normas sobre la ....?
PABLO ARANGUREN:	No se preocupe por eso, cuando .... el momento le .... todo lo relacionado con ese asunto, pero realmente no hay ningún problema. Eso sí, es .... que yo sepa en qué tipo de unión pensando.
DAVID SALTER:	Ese es otro punto que quería consultarle, ... usted me ....
PABLO ARANGUREN:	La verdad es que en .... hay de todo. El negocio de la publicidad está en plena reorganización. .... de lo que usted y la agencia española .... Hay empresarios que prefieren compartir los .... e ir a partes iguales con el socio extranjero...
DAVID SALTER:	Todavía no hemos llegado a un acuerdo, y no sé ... . sea una buena idea crear otra agencia que .... de las cuentas internacionales...

PABLO ARANGUREN: Es aconsejable que lo decidan lo .... ya que de ello dependerán las demás consideraciones. Y recuerde que el gobierno español .... la inversión extranjera en nuestro país.

DAVID SALTER: Y por último me gustaría saber ¿Qué puedo hacer para tener dinero aquí?

PABLO ARANGUREN: Pues le .... que .... una cuenta corriente en un banco y tendrá las típicas facilidades y ventajas. Ya sabe, ..., recibirá información de su .... regularmente. Puede domiciliar sus recibos, y también si le interesa puede obtener una ....

E j e r c i c i o   A.2

Trabajo en parejas

La persona A trabaja con la información de esta página y la persona B con la de la página 202.

Aquí tienes algunas preguntas y respuestas, parte de una conversación pero, excepto la primera, no están en orden. Léeselas a tu compañero/a y anota la respuestas y preguntas que él o ella te da. Organizad la conversación lógicamente.

A: Quiero invertir algo de dinero pero no estoy muy segura dónde.

B: ...

A: Y también puede ser que lo pierda todo a la misma velocidad.

B: ...

A: No te digo que no, pero la probabilidad de ganar uno de esos premios fabulosos de que me hablas, es muy remota. Yo lo que quiero es ganar mucho dinero, que lo que compre con él lo decido yo.

B: ...

A: ¿Qué reunión?

B: ...

A: Tal vez se paguen menos impuestos pero no creo que me ofrezcan las tasas de interés más altas del mercado. Y no creo que se pueda tener acceso inmediato al dinero.

B: ...

A: Pero en la mayoría de las Cuentas de Ahorro, para que te den intereses, tienes que mantener un saldo medio determinado.

B: ...

A: No, no es que todo lo vea mal, es que hay que saber analizar los pros y los contras.

B: ...

E j e r c i c i o   A.3

Escucha lo que dice Pablo Aranguren sobre algunas de las cosas que un empresario tiene que considerar a la hora de formar una compañía. A continuación completa las frases de acuerdo con sus comentarios.

1 Es probable que ...
2 Es vital que ...
3 Es preciso que ...
4 Es difícil que ...
5 Es importante que ...
6 Er raro que ...
7 Es imprescindible que ...
8 Es obligatorio que ...
9 Es aconsejable que ...
10 Conviene que ...

E j e r c i c i o   A.4

Pablo Aranguren también trabaja como consultor de la revista *Finanzas y Economía*, respondiendo a las preguntas de los lectores.
Completa las respuestas que da según cada situación.

1 No he pagado mis impuestos todavía.
   Más vale que .... (pagar/pronto)
2 Necesito ampliar el capital de mi empresa y no sé donde conseguir el dinero.
   Es mejor que .... (pedir/banco)
3 ¿Cómo solicito una subvención del gobierno regional?
   Basta que .... (rellenar/solicitud)
4 ¿Se puede crear una Sociedad Anónima con un solo socio?
   De momento es necesario que .... (tener/tres)
5 ¿Está garantizado que voy a ganar dinero si compro acciones?
   No. Es posible que .... (perder/también)

E j e r c i c i o   A.5

Escucha la conversación que mantienen Elvira Zubiaga y Javier Tejero, director del departamento de riesgos del banco con el que trabaja Publica, y contesta las siguientes preguntas.

1 ¿Qué dice Elvira Zubiaga que no quiere usar, en el caso de una posible unión con la agencia extranjera?
2 Según Elvira ¿qué habían pensado pedirle al banco?
3 ¿Qué le aconseja Javier Tejero y por qué?
4 ¿Qué es posible que suceda según Elvira?
5 ¿Y según Javier?

Ejercicio A.6

Vuelve a escuchar las conversaciones A.1 y A.5 y luego elige la respuesta adecuada.

1 La doble imposición quiere decir que la compañía que va a formar David Salter pagaría
   a impuestos en Inglaterra y en España.
   b una cantidad doble de impuestos, tanto en España como en Inglaterra.
   c el doble de impuestos en España.

2 Una cuenta corriente es
   a una suma de dinero que representa el capital de la empresa.
   b un contrato entre una entidad financiera y un cliente, en la que el cliente pone dinero y puede disponer de él cuando quiera.
   c una forma de pago muy común en España.

3 El documento bancario que emite una persona contra su propia cuenta corriente se llama
   a recibo.
   b talón o cheque.
   c ingreso.

4 El documento contable que muestra los ingresos y los pagos hechos en una cuenta corriente se llama
   a nómina.
   b tarifa.
   c balance.

5 Respaldar o garantizar el pago de un crédito es
   a autofinanciar dicho crédito.
   b elevar el valor de ese crédito.
   c avalar dicho crédito.

6 Cuando un banco facilita un colchón de tesorería, quiere decir que se dispone de
   a un crédito amplio para finanaciar un proyecto.
   b un préstamo muy cómodo.
   c una cuenta corriente con un interés muy elevado.

7 Cuando un banco concede un crédito
   a no se pagan intereses.
   b se pagan intereses sólo por la parte de dinero de que se disponga.
   c exige que se invierta inmediatamente.

8 Cuando se pagan facturas, tales como el teléfono o la electricidad, con cargo a una cuenta de una entidad bancaria, se dice que el pago se ha
   a disimulado.
   b descontado.
   c domiciliado.

E j e r c i c i o   A.7

Escucha lo que Margarita, la recepcionista de Publica, tiene que escuchar, y:

a   Ayúdala a terminar la nota que le dejó a Elvira Zubiaga sobre la primera llamada, con una sola palabra en cada espacio.

Memorandum

A las 10.30 llamó el señor _____ _____ y dijo que tenía que _____ con usted _____, que era _____. Cuando yo le dije que no sabía dónde estaba y que tampoco podía _____ nada, se puso como una furia y _____ el teléfono.

¡Ah! dijo que esperaría en su _____ _____ por su llamada.

---

b   Toma el papel de la señora Pintos en la segunda conversación.

TÚ:	...
RECEPCIONISTA:	¿Su nombre por favor?
TÚ:	...
RECEPCIONISTA:	Lo siento pero no contesta.
TÚ:	...
RECEPCIONISTA:	Sí, ¡qué raro que no esté! ... Tal vez se encuentre en el despacho del señor Herrera, un momento... Hablaré con él para que me informe ... ¿Don Jesús, está la señora Zubiaga en su despacho? ... ¿Sabe dónde puedo localizarla? ... Es que aquí en la recepción está la señora Irene Pintos, y tenía una cita... Bueno gracias... Mire es que ha tenido que salir urgentemente, pero volverá enseguida.
TÚ:	...
RECEPCIONISTA:	De verdad que lo siento.
TÚ:	...
RECEPCIONISTA:	¿Va usted a esperarla?
TÚ:	...
RECEPCIONISTA:	Mientras espera, ¿quiere que le pida una tila?

c   Ahora imagina que tú eres la recepcionista y le vas a contar a un/a compañero/a lo que la señora Irene Pintos te dijo.
Primero observa el memorandum que Margarita le escribió a Elvira Zubiaga y completa el siguiente memorandum con los verbos en el pretérito indefinido o imperfecto, según corresponda.
Finalmente díselo a tu compañero/a.

Memorandum

Esta mañana _____ (venir) una señora que _____ (tener) una cita con

Elvira Zubiaga, pero Elvira no _____ (estar). Cuando le dije a la señora que

Elvira había tenido que salir urgentemente, ella me _____ (responder) que se

_____ (poner) de muy mal humor cuando _____ (tener) que esperar

después de haber concertado una cita.

Además me _____ (explicar) que ella no _____ (vivir) en Madrid y que

tenía muchas cosas que hacer. Finalmente le _____ (ofrecer) una tila pues

me _____ (decir) que esas situaciones la _____ (poner) nerviosísima.

E j e r c i c i o   A.8

Las palabras y expresiones que están en la columna de la izquierda
aparecen en las conversaciones que Margarita mantiene con la señora
Pintos y el señor Arrozamena. Relaciónalas con sus sinónimas de la
columna de la derecha.

1	Me pone de muy mal humor	**a**	Enseguida
2	¡Qué raro!	**b**	Una infusión tranquilizante.
3	Imprescindible	**c**	Me enfada
4	Una tila	**d**	¿Quién piensa que es?
5	Ahora mismo	**e**	¡Qué extraño!
6	¡Qué se habrá creído!	**f**	Esencial

E j e r c i c i o   A.9

Lee el siguiente texto.

a Di si las estas frases son verdaderas o falsas.

                                                         V   **F**

    1 Miguel Martínez San Martín está licenciado en
Ciencias Económicas y Empresariales.

    2 Juan Miguel Picazo comenzó su carrera profesional
como administrativo en el Banco Urquijo.

    3 El director general económico-financiero de Elosúa
tiene responsabilidad sobre las veintidós empresas
del grupo.

    4 Juan Miguel Picazo está encargado de dirigir las
operaciones de Benito y Monjardín.

    5 A Miguel Martínez San Martín le gusta jugar al
fútbol, nadar y leer.

Director general económico del Grupo Elosúa
MIGUEL MARTINEZ SAN MARTIN

Siempre como experto financiero, este ingeniero industrial ha pasado de Arthur Andersen al Grupo Elosúa, pasando por Page Ibérica.

Este ingeniero madrileño desarrolló sus estudios de Bachillerato y COU en el colegio del Pilar de Madrid. Estudió ingeniería industrial en la Escuela Técnica Superior de Ingenieros Industriales de Madrid, especialidad en Organización Industriales. Inició su carrera profesional en Arthur Andersen, donde estuvo siete años, dos de los cuales los pasó en Estados Unidos, como gerente de manufacturing. Posteriormente pasó a la empresa del Grupo Banesto, Page Ibérica, como director general económico-financiero. Desde 1990 es director general económico-financiero de Elosúa, con responsabilidad sobre las 22 empresas del grupo, en áreas financieras, proceso de datos, auditorías, control de gestión y riesgo, entre otras.

«Fax portátil Sanfax 8 Sanyo» Para que pueda estar en permanente contacto con las 22 empresas del grupo, sería interesante este fax para transmitir y recibir incluso desde un teléfono móvil o una cabina telefónica y que sólo pesa tres kilogramos.
El precio recomendado asciende a 180.000 pesetas.

Jefe de Renta Variable para España de Benito y Monjardín
JUAN MIGUEL PICAZO MARTINEZ

Este joven profesional se encarga de dirigir la actividad para clientes de renta variable en España y de gestionar la propia cartera de Benito y Monjardín.

Nacido en Madrid y licenciado en Ciencias Económicas y Empresariales para la Universidad Autónoma de Madrid, Picazo inició su carrera profesional como administrativo en el Banco Urquijo, donde fue nombrado posteriormente jefe de Riesgos. Después se incorporó a Benito y Monjardín como director de Operaciones. En la actualidad es jefe de Renta Variable para España de Benito y Monjardín SVB donde se encarga de dirigir la actividad para clientes de renta variable en España y de gestionar la cartera propia de la sociedad. Entre sus aficiones se encuentran la música, la lectura, los viajes y la práctica de diversos deportes, como el fútbol, la natación, el frontenis o los bolos.

«Maletín de Louis Vuitton» Para que pueda llevar sus documentos con lujo y comodidad, se propone este maletín en lona de la firma Louis Vuitton.
Su precio estimado es de 269.000 pesetas.

6 Miguel Martínez San Martín fue director general económico-financiero de la empresa Page Ibérica.

7 Antes de trabajar para Benito y Monjardín, Juan Miguel Picazo fue jefe de riesgos del Banco Urquijo.

8 Miguel Martínez San Martín es un ingeniero industrial especializado en Organización Industrial.

b Busca en el texto las palabras que correspondan a las siguientes definiciones.

1 Persona que dirige los negocios de una sociedad o empresa, firma documentos y representa a las demás personas interesadas.

2 Revisión de la situación financiera y administrativa de una institución o empresa, realizada por especialistas ajenos a la misma.

3 Persona que trabaja en una oficina y lleva a cabo tareas de contabilidad, administración, etc.

4 Conjunto de clientes de una compañía, de un vendedor, etc. Valores comerciales que forman el activo de un banco, sociedad o comerciante.

5 Tipo de rendimiento de un valor, fundamentalmente obligaciones, cuya remuneración anual depende de los resultados de la empresa, es decir, no está predeterminada en el momento de la emisión a un tipo de interés constante.

SECCIÓN B: CONSOLIDACIÓN

USOS DEL MODO SUBJUNTIVO 3

Después de expresiones tales como: **cuando, aunque, hasta que, para que, en cuanto, tan pronto como**, usamos el subjuntivo si queremos dar una idea de futuro o expresar una idea hipotética.

> **Cuando llegue** el momento, le aclararé el asunto.
> Otro punto que quería preguntarle **para que** usted me **asesore**.

Nota: No hay que confundir **cuando** con el adverbio **cuándo**, que utilizamos para hacer preguntas y que va acentúado:

– ¿Cuándo me lo dirás?
– Cuando llegue el momento.

E j e r c i c i o   B.1

a Une las siguientes frases usando **cuando**. Mira el ejemplo.

Ejemplo
La semana que viene iré Barcelona y visitaré la Exposición Internacional de Maquinaria Industrial.
*Visitaré la exposición internacional de maquinaria industrial, **cuando** vaya a Barcelona la semana que viene.*

1 Lee el informe y después me dirás qué te parece.
2 Vas a hacer fotocopias, ¿no? ¿Puedes fotocopiarme esta hoja?
3 Por fin podré comprarme un coche porque me subirán el sueldo en agosto.

4 El señor Herrera vendrá más tarde y entonces le explicaré el asunto.

5 Esta tarde los auditores sabrán si las cuentas están bien ¿verdad? ¿Me llamarás para decírmelo?

b Completa los siguientes diálogos utilizando la expresión adecuada y el verbo correspondiente en su forma correcta, de entre los que están en los recuadros. No están en orden.

hasta que	*tan pronto como*	*aunque*
en cuanto	*para que*	

saber	*explicar*	*decir*
terminar	*recibir*	

1 Yo creo que la decisión de Luis, de no querer trasladarse a Bilbao, es un error.
Pues .... se lo ...., no cambiará de opinión.

2 Ya le he dicho que hoy tiene todo el día ocupado y no tiene ni un minuto libre.
Pues esperaré .... me ....

3 ¿Sabes algo del trabajo?
No, pero .... lo .... te avisaré.

4 No entendí absolutamente nada de lo que dijo sobre el nuevo impuesto municipal.
¿Por qué no hablas con él .... te lo ....?

5 ¿Ya has terminado el análisis de los costos financieros?
Todavía no, pero .... los .... te los mandaré.

USOS DEL MODO SUBJUNTIVO 4

Las oraciones impersonales, generalmente, van seguidas por una oración de subjuntivo:

Es vital que *el empresario sea capaz de predecir los cambios con antelación.*
Es preciso que pueda *evaluar la repercusión de estos cambios en la empresa.*

Otras expresiones impersonales son:

		aconsejable/desaconsejable			
		probable/improbable			
		posible/imposible			
Es	+	fácil/difícil	+ que +	subjuntivo
		necesario			
		importante			
		bueno/malo.			
		etc.			

E j e r c i c i o   B.2

Transforma las siguientes frases, utilizando una oración impersonal, sin cambiar el sentido de las mismas. Utiliza la palabra en cursiva para encontrar la frase impersonal. Mira el ejemplo.

Ejemplo

Posiblemente mañana llegaré a la oficina un poco tarde.
Es posible que *mañana llegue a la oficina un poco tarde.*

1   Un buen *consejo*: habla con un asesor financiero antes de invertir tu dinero.
2   *Probablemente* nos llamará esta tarde y nos lo explicará.
3   *Difícilmente* conseguiremos encontrar una oficina mejor que ésta.
4   Yo pienso que en tu caso, *necesitas* conseguir un crédito, antes de pensar en nada más.
5   Es una *buena* idea obtener una tarjeta de crédito. Son mucho más seguras que el dinero y te ofrecen muchísimas ventajas.

USOS DEL MODO SUBJUNTIVO 5

Para expresar duda se puede utilizar también el subjuntivo precedido de expresiones tales como: **tal vez**, **quizá(s)**, **puede que**, **probablemente**, etc.

> *Quizá no* **uséis** *más que una parte de ese crédito.*
> **Tal vez se encuentre** *en el despacho del señor Herrera.*

Pero también se puede expresar duda con el modo indicativo. La diferencia entre usar un modo u otro depende del grado de inseguridad.

> *Tal vez se encuentre en el despacho del señor Herrera.*

Indica menos seguridad que:

> *Tal vez se encuentra en el despacho del señor Herrera.*

Sin embargo para expresar deseo, normalmente usamos el subjuntivo. Sus expresiones más comunes son: **ojalá** y **esperar que**.

> **Ojalá** *todo* **salga** *bien.*
> **Espero que** *todo* **salga** *bien.*

E j e r c i c i o   B.3

Expresa deseo o duda ante estas situaciones, utilizando **esperar que**, **ojalá**, **tal vez** o **quizá(s)**.

Ejemplo

Un compañero de trabajo ha perdido sus gafas, sin ellas no puede conducir y necesita el coche para trabajar.
— *Espero que las encuentres enseguida.*

1 Mañana tienes una reunión muy importante donde tienes que presentar un proyecto que estás tratando de terminar ahora.
– Ojalá ...

2 Tienes que tomar un avión que sale a las 7.30 de la tarde. Son las 5.15 y todavía estás en la oficina, pero piensas que puedes llegar.
– Tal vez ...

3 Tu jefe quiere saber dónde están los documentos para la firma de un nuevo contrato. Tú no lo sabes pero piensas que Luisa y Teresa, otras secretarias, pueden saberlo.
– Quizá ...

4 Estás esperando una llamada telefónica de una amiga que posiblemente te ofrecerá un trabajo muy importante. El teléfono suena en este momento.
– Ojalá ...

5 Has invertido dinero en la bolsa. Ayer las cotizaciones no fueron muy buenas, pero crees que mañana pueden subir.
– Tal vez ...

6 Un amigo te dice que tiene la posibilidad de conseguir un aumento de sueldo. Tú quieres darle esperanzas.
– Espero que ...

EXPRESIONES CON EL VERBO PONER

Para describir nuestro carácter o el de alguien, podemos utilizar el verbo *poner* en forma reflexiva.

Me pone de muy mal humor tener que esperar.
Yo con estas situaciones me pongo nerviosísima.

E j e r c i c i o   **B.4**

Completa los siguientes diálogos con la forma correcta del verbo **poner** y el pronombre reflexivo adecuado. Utiliza las palabras del recuadro, según convenga a cada situación. Mira el ejemplo.

mal	*histérico*	*nervioso*
contento	*furioso*	*pálido*

Ejemplo
¿Y tú qué hiciste cuando viste la caja fuerte abierta?
Me puse pálida *del susto que me llevé.*

1 ¿Y no ....?
En absoluto. María se lo tomó con muchísima calma.

2 ¿Y qué pasó cuando se enteró que habían chocado contra su nuevo Ferrari?

.... y se marchó de la oficina. No lo hemos vuelto a ver desde entonces.

3 ¿Qué dijeron cuando se enteraron que habíais ganado el contrato?

No les gustó nada. .... de .... humor.

4 ¿Por qué no te gusta Marta?

Porque .... las personas hipócritas.

5 ¿Qué le pasa a Juan que está tan sonriente?

Es que .... muy .... cada vez que recibe una comisión.

EL ESTILO INDIRECTO 2

Al pasar del estilo directo al indirecto varía frecuentemente, además del tiempo y/o la persona del verbo, el pronombre personal y expresiones como: ayer, hoy mañana, etc. (Revisa la Unidad 5.)

Elvira Zubiaga dice a Irene Pintos, *'Mañana a las once estaré libre.'* (estilo directo)

Irene Pintos le dice a la recepcionista, *'**Ayer me** dijo que **hoy** estaría libre a las once.'* (estilo indirecto)

El martes Pablo Aranguren dice a David Salter, *'Mañana les aclararé todo.'* (estilo directo)

El miércoles David Salter habla con su socio y le dice, *'Me dijo que **hoy nos** aclararía todo.'* (estilo indirecto)

E j e r c i c i o   B.5

Completa los siguientes diálogos según el ejemplo.

Ejemplo

El martes: Ines dice a Pablo, *'Yo no estoy de acuerdo con entrar a trabajar a las 8 de la mañana.'*

El miércoles: Pablo dice a Luis, *'Inés me dijo ayer que no estaba de acuerdo con entrar a trabajar a la ocho de la mañana.'*

1 El lunes: Cristina asegura a Jaime, *'Lo siento pero no iré a la reunión del miércoles.'*

El martes: Jaime dice a Carmela, ...

2 Ahora: Micaela pregunta a María y Susana, *'¿Qué tal es la nueva directora?'*

Después: María y Susana dicen a Elena, ...

3 En junio: el asesor fiscal te asegura, *'No habrá aumento en los impuestos sobre sociedades.'*

En octubre: Los impuestos han subido. Tú le dices al asesor, ...

4 El 12 de abril: compras un coche de segunda mano. El vendedor te

dice, 'Le garantizo que con este coche no tendrá problemas jamás.'
El 19 de abril: el coche no funciona. Hablas con el vendedor y le dices, ...

5   A las cuatro de la tarde: un visitante te pregunta, '¿Sabe dónde está el despacho del señor Suárez?'
Treinta segundos después: una compañera de trabajo quiere saber qué te ha preguntado. ¿Qué le dices?

SECCIÓN C: COMUNICACIÓN

E j e r c i c i o   C.1

Trabajo en parejas

ARACTE...TICAS	VISA CLÁSICA/ EUROCARD / MASTERCARD	VISA ORO	DINERS CLUB	AMERICAN EXPRESS	AMERICAN EXPRESS ORO
a anu...	De 1.600 a 2.000 ptas.	8.000 ptas.	9.500 ptas.	8.000 ptas.	16.000 ptas.
a de in...ripición	Ninguna	Ninguna	4.500 ptas.	Ninguna	Ninguna
as sup...entarias	De 300 a 500 ptas.	De 300 a 500 ptas.	13.300 ptas. cuota familiar [2]	4.500 ptas. cada tarjeta	9.600 ptas. la suplementaria
...isitos ...a la ...esión	Solvencia y responsabilidad	Más estrito que en la clásica	Comité de admisión	Solvencia y responsabilidad	Solvencia y responsabilidad
...e de c...pra a ...to	100.000 ptas. al mes [1]	Un millón de ptas. al mes	Limitado	Ilimitado	Ilimitado
...de int...s	Del 1,75% al 1,85% mensual	Del 1,75% al 1,85% mensual	1% al mes en cargos de más de 50.000 ptas. [3]	2,4% al mes más 1000 ptas. por recibo devuelto [4]	2,4% al mes más 1.000 ptas. por recibo devuelto [4]
...e de e...cción en ...ivo	Entre 20.000 y 100.000 ptas. / día	Ninguno	El equivalente a 1000 dólares	En España, 50.000 ptas./semana	En España, 100.000 ptasa. / sem.
...os de ...mpra en ...aña	600.000	600.000	80.000	100.000	100.000
...os de ...mpra en el ...do	9.500.000	9.500.000	2.030.000	3.400.000	3.400.000
...os de ...tracción en ...ivo	40.000 (16.000 cajeros)	40.000 (16.000 cajeros)	Red de cajeros desde verano 1992	Cajeros 4B (2.500) En el mundo 40.000	Cajeros 4B (2.500) En el mundo 40.000
...isión ...or extracción ...fectiv	Entre el 2% y el 4% (mínimo 200 ptas. o 400 ptas.)	Entre el 2% y el 4% (mínimo 200 ptas. o 400 ptas.)	–	Mínimo 300 ptas. A partir de 10.000 ptas., 3%	Mínimo 300 ptas. A partir de 10.000 ptas., 3%
...uro ...accidentes en	Entre 15 y 30 millones de ptas.	Indemnización más elevada	125 millones. Más un millón por muerte natural [6]	75 millones	100 millones
...uro ...dico	No	Asesora en la asistencia médica en viaje [5]	Hasta un millón de ptas.	No	Hasta 1.500.000 ptas.
...osic...en pérdida o	De 15 a 30 días	Tarjeta temporal en 3 ó 4 días	Inmediata	Menos de 24 horas	Menos de 24 horas
...on...ilidad en ...da ...obo	Primeras 20.000 ptas. a partir de la denuncia	Primeras 20.000 ptas. a partir de la denuncia	Ninguna	Limitada a 8.000 ptas.	Limitada a 8.000 ptas.
...icio 24 horas	Sí	Sí	Sí	Sí	Sí

...mite se puede ampliar temporalmente para vacaciones, viajes, etcétera
...porciona la tarjeta del socio y ostras dos.
...suario puede establecer el plazo de pago a un uno por ciento mensual.
...nterés es un concepto de gestión de cobro, como las 1.000 ptas. por cada recibo devuelto.
...ervicio de asesoramiento no incluye el pago de la factura.
...arte del seguro por usar la tarjeta para viajes, Diners tiene otro de un millón por muerto o invalidez del socio.

Fuente: Asociación de Usuarios de Servicios Bancarios.

Mira la tabla de las condiciones para obtener las principales tarjetas de crédito en España. Escucha lo que dice tu compañero/a y recomiéndale la tarjeta que le conviene según lo que te dice.

La persona A leerá la preferencias en esta página. La persona B leerá las preferencias en la página 202.

1   Quiero una tarjeta donde no tenga que pagar una cuota de inscripción, donde los requisitos para la concesión de la tarjeta sean sólo solvencia y responsabilidad, y que no tenga límite de compra a crédito. También quiero un seguro de accidentes y un seguro médico.

2   Te recomiendo que solicites la tarjeta ....

3   No me importa pagar una cuota anual ni una cuota de inscripción. Como no gasto mucho, tampoco me importa que pongan un límite de compra a crédito, aunque no quiero pagar un tipo de interés superior a un 2% al mes. Quiero el máximo posible de puntos de compra, tanto en España como en el resto mundo, y también el máximo de puntos de extracción en efectivo. Como soy muy despistado, quiero que repongan la tarjeta lo antes posible en caso de pérdida o robo.

4   Te recomiendo que solicites la tarjeta ....

5   Quiero que los requisitos para la concesión de la tarjeta sean mínimos, pero como no gasto mucho, el límite de compra no me importa. Generalmente saco mi dinero del cajero automático, por lo tanto, quiero pagar la comisión más baja que pueda. También quiero que haya una red extensiva de cajeros automáticos. Como no viajo mucho no necesito un seguro de viaje muy elevado.

6   Te recomiendo que solicites la tarjeta ....

Ejercicio   C.2

Trabajo en parejas

La persona A dirá a la persona B cada una de sus frases. La persona B responderá con su versión de respuestas. Luego, la persona A responderá a las frases que le diga la persona B con la versión de sus respuestas.

La persona A trabajará con la información de esta página y la B con la de le página 204.

Tú le dices a B:

1   Paco va a abrir una franquicia de Body Shop.
2   El director creativo llegó ayer por la noche.
3   Según el director las exportaciones han bajado.
4   Julia trabajará en una compañía de seguros al terminar sus estudios.
5   Según Pablo el negocio de la publicidad está en plena reorganización.

Así respondes a los comentarios de B:

1   Jorge: Mi oficina está en la Calle Serrano..
    A: Pero a mi me dijo que ...

2 El ponente: Hablé en español y alemán.
A: Pero ...

3 Paco: He vendido un 25% más este mes que el mes pasado.
A: Pero ...

4 Paco: No puedo pagar. Sólo tengo una tarjeta del Corte Inglés.
A: Pero ...

5 Ruiz Molina: No pondré nada de capital en la nueva empresa.
A: Pero ...

E j e r c i c i o   C.3

Trabajo en parejas

La persona A tiene que escuchar la cinta y contestar las preguntas que le hace la persona B. La persona B tiene que anotar las respuestas de A y finalmente transformar dichas respuestas en las palabras textuales de la cinta. La persona A dirá si están bien o no.

Preguntas para la persona B:
1 ¿Qué quería Magda?
2 ¿Qué dijo el vendedor de Informatix?
3 ¿Qué dijo Tomás?
4 ¿Qué dijo John Steadman?
5 ¿Qué preguntó Carlos?
6 ¿Qué dijo Consuelo?
7 ¿Qué quería Diego?
8 ¿Qué dijeron en el departamento de pedidos?

E j e r c i c i o   C.4

a Lee el anuncio y busca una definición para los siguientes términos:

1 Sistema Tributario
2 Contabilidad
3 Impuestos Directos
4 Impuestos Indirectos
5 Asesor Fiscal
6 Renta

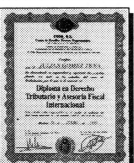

b Trabajo en parejas

La persona A trabaja con los datos de esta página y la persona B con los de la página 205.

Persona A

Tú tratas de venderle el curso a la persona B. Aquí tienes las frases para convencerle pero, excepto la primera, no están en orden. Léeselas a tu compañero/a y anota sus respuestas. Organizad la conversación lógicamente.

A: ¿Qué le parece nuestro curso?

B: ...

A: ¿Pero quizás no sepa en qué consiste una Inspección Tributaria?

B: ...

A: ¿Y realiza con facilidad todos los trámites y procedimientos tributarios?

B: ...

A: Pero ¿y si quiere ampliar su campo de trabajo?. Tal vez no pueda llevar la contabilidad de cualquier empresa, ni esté al día sobre los impuestos directos e indirectos.

B: ...

A: Pero con este curso haremos que realice con facilidad toda clase de declaraciones de Renta, Patrimonios y Sociedades.

B: ...

A: Tal vez no conozca en profundidad todas las Deducciones y Desgravaciones que contempla la ley y así no ahorre suficiente.

B: ...

A: Bueno, es posible que conozca el Sistema Tributario Español, pero tal vez no conozca el Autonómico y el Comunitario.

B: ...

A: ¿Entonces piensa suscribirse, verdad?

B: ...

E N UNA FERIA

In this unit you will:

- Practise the imperfect subjunctive
- Practise how to protest and complain
- Practise asking for, giving and refusing permission
- Use the language of trade fairs
- Practise making and refusing offers
- Practise talking about food

SECCIÓN A: INTRODUCCIÓN

E j e r c i c i o A.1

Escucha en la cinta uno de los anuncios que se oyen en la Feria y di si las siguientes frases son verdaderas o falsas. Si son falsas corrígelas.

1 Cualquier tipo de duda se resuelve, exclusivamente, consultando la información contenida en la carpeta que les entregarán las azafatas que se encuentran en el recinto ferial.

2 A la salida del recinto ferial, a la izquierda, se encuentran tres cafeterías y dos restaurantes.

3 Existe un gabinete de asesores que trabaja sobre cualquier soporte audiovisual.

4 Hay un total de cuatro salas para equipos audiovisuales, cuya capacidad global es de 425 personas.

5 El Club de Empresas está destinado a empresas y personas privadas que desean comprar oficinas totalmente equipadas.

6 En el Club de Empresas le venderán los elementos técnicos más avanzados de la moderna ofimática.

7 Cualquier banco puede consultar las principales fuentes de información empresarial.

8 Informacentro es el más amplio banco de datos del sector empresarial.

E j e r c i c i o   A.2

Trabajo en parejas

Escuchad la cinta otra vez. Pregúntale a tu compañero/a y responde según el ejemplo.

Ejemplo

¿Y qué hago con la tarjeta de identificación?

Pues dijeron *que las mantuviéramos a la vista.*

1 ¿Y si tuviéramos alguna duda?
   Pues han dicho ...
2 ¿Y si quisieran usar vídeos?
   Pues dijeron ...
3 ¿Y para que me asesoraran sobre el alquiler de una oficina?
   Pues han dicho ...
4 ¿Y cómo podríamos obtener información sobre las distintas compañías que están en la feria?
   Pues dijeron ...

E j e r c i c i o   A.3

En una feria, un expositor dio a un obrero una lista de cosas que tenía que hacer en el stand mientras él estaba fuera. Cuando regresó, unas horas más tarde, se encontró con que las cosas no estaban hechas. Mira la lista de cosas y el dibujo y protesta según el ejemplo.

Cosas que hay que hacer para la apertura del stand.

Montar las estanterías a la derecha.
Mover el monstrador hacia atrás.
Pintar el logo entre las palabras Com y Express.
Colocar los folletos.
Sacar el cubo de la basura.
Enchufar la nevera.
Traer las sillas.
Instalar el vídeo.
Colgar las cuadros.
Desplegar el tríptico.
Desempaquetar las muestras.

Ejemplo

¡No hay derecho!/tríptico

¡No hay derecho!/le dije que desplegara el tríptico. ¿Por qué no lo ha desplegado?

1 ¡No puede ser!/estanterías
2 ¡Esto es un desastre!/mostrador
3 ¡No puede ser!/logo
4 ¡Desde luego!/folletos
5 ¡Es el colmo!/cubo de la basura
6 ¡Qué horror!/nevera
7 ¡No hay derecho!/sillas
8 ¡No puede ser!/vídeo
9 ¡Ya está bien!/cuadros
10 ¿Esto qué es?/muestras

Ejercicio A.4

a En la imprenta donde trabajas tienen que imprimir los folletos para un centro de Exhibiciones y Convenciones Internacionales. Aquí tienes el diseño de los iconos que explican las facilidades que ofrece, pero no tienen texto. Escribe debajo de cada·icono la letra que le corresponde.

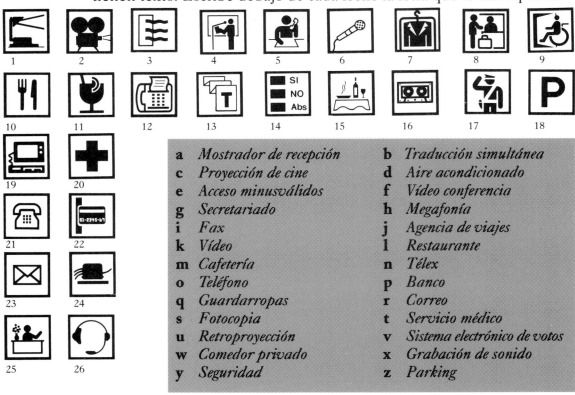

a	*Mostrador de recepción*	b	*Traducción simultánea*
c	*Proyección de cine*	d	*Aire acondicionado*
e	*Acceso minusválidos*	f	*Vídeo conferencia*
g	*Secretariado*	h	*Megafonía*
i	*Fax*	j	*Agencia de viajes*
k	*Vídeo*	l	*Restaurante*
m	*Cafetería*	n	*Télex*
o	*Teléfono*	p	*Banco*
q	*Guardarropas*	r	*Correo*
s	*Fotocopia*	t	*Servicio médico*
u	*Retroproyección*	v	*Sistema electrónico de votos*
w	*Comedor privado*	x	*Grabación de sonido*
y	*Seguridad*	z	*Parking*

b Trabajo en parejas

Explica a un visitante japonés (tu compañero/a) lo que significa cada icono. Alternad los papeles. Mira el ejemplo.

Ejemplo

– ¿Qué significa esto?

– Eso quiere decir que hay servicio de fotocopiadora.

E j e r c i c i o   A.5

Escucha la cinta y completa las siguientes frases, luego dilas en voz alta.

1 Si quisieras utilizar Windows con la impresora Epson EPL-5.200 no .... problema.

2 Si utilizases un Apple solamente .... el Interface Epson Talk.

3 Ojalá mi empresa .... comprarla.

4 El multiplicador de imagen me .... y también del hogar.

5 Para que funcione simplemente hay .... o del descodificador al Multivídeo Plus, luego se .... el Canal Plus o la .... y finalmente se .... la pequeña antena del Multivídeo Plus.

6 El archivador de caoba también se convierte, cuando tú .... extensible.

7 Mide 52 centímetros ....

8 Me gustaría .... en mi oficina.

E j e r c i c i o   A.6

a Lee el anuncio en la pagina siguiente para un teléfono/fax y contesta las preguntas.

1 Con Telycofax ahorra:
  a tiempo y dinero
  b espacio y dinero
  c únicamente una sola línea

2 Cuando Ud. no está en su casa u oficina, el contestador:
  a se desconecta automáticamente
  b deja sus manos libres
  c recibe y da mensajes

3 Puede tener Telycofax durante un periodo de prueba de:
  a un mes
  b un año
  c veinte días

Teléfono + Contestador + Fax + Fotocopiadora en 1 solo aparato y con una única línea

Nuevo compacto TELYCOFAX, homologado por Telefónica

"El País-Oferta al Lector" presenta a sus lectores hoy, domingo, este nuevo compacto telefónico, con garantía de 12 meses y con servicio técnico garantizado por Telyco (Grupo Telefónica), para que en su casa u oficina puedan reunir estos elementos fundamentales de comunicación en un aparato de alta tecnología.

Las 2 formas de ahorrar con TELYCOFAX

Ahorre espacio: en sólo 41 x 25 x 13 cm podrá disponer de teléfono, contestador, fax y fotocopiadora.

Ahorre dinero: ¡Haga números y verá lo que se ahorra comprando un único aparato en vez de cuatro! Además necesita contratar únicamente una sola línea para todo.

Control remoto del Contestador, manos libres y mucho más

En su ausencia, el contestador automático le permite recibir y dar mensajes, pudiendo actuar sobre éstos a distancia mediante su control remoto. Dispone, además, de sistema manos libres, 20 memorias (10 de teléfono y 10 de fax), etc.

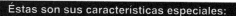

Éstas son sus características especiales:

Como Contestador:
- Cinta grabadora de 30 minutos.
- Control remoto con código secreto opcional.
- Mensaje de 16 segundos.
- Economizador de llamadas.

Como Teléfono:
- Manos libres.
- Repetición del último número marcado.
- Música de espera.
- Visualización del tiempo en línea.
- Aviso acústico cada tres minutos.

Como Fax:
- Selección de 6 idiomas para el mensaje del display (40 caracteres).
- Conformación de mensajes recibidos y enviados.
- Velocidad de transmisión, 15 seg./pág. aprox.
- Impresión térmica de gran calidad.
- Ancho de documento DIN A4.
- Discriminador fax/teléfono y fax/contestador.
- Rellamada automática.
- Función FOTOCOPIADORA.
- Memoria de 20 números de marcación abreviada.

Oferta válida en Península y Baleares

✂ (No indicar apartados postales)

Por correo: rellene y envíelo a **ODP.** Monte Esquinza, 28-3º. 28010 Madrid.
Por teléfono: (91) 319 62 03/319 41 03. **Por Fax.** (91) 319 92 46.
Satisfecho o le devolvemos su dinero. Puede devolver su pedido dentro de los 30 días siguientes a su recepción, siempre y cuando esté en perfectas condiciones y en su embalaje original.
Garantía del mejor precio. Si encuentra el producto a un precio inferior dentro de los 30 días siguientes a su compra (sin incluir promociones o descuentos a colectivos), le abonaremos la diferencia mediante presentación de justificante.

Nombre _____

Dirección _____ Nº ____ Piso ____

Provincia _____ C.P. ____

Tel. _____ Hora preferida de entrega ____

CÓMO PEDIR

Para cualquier comunicación, indique el código DPSE.

A Crédito/Contado

☐ 15.525 Ptas. x 10 mensualidades, sólo para tarjetas de crédito, IVA incluido, más 1.250 Ptas. de gastos de manipulado y entrega a domicilio por transportista privado, que se sumarán al primer plazo. **(B P W)**

☐ 155.250 Ptas. x 1 pago, con IVA incluido, más 1.250 Ptas. de gastos de manipulado y entrega a domicilio por transportista privado.

Medio de pago

☐ Talón a **O.D.P.**   ☐ Contra reembolso (Península y Baleares)

☐ **AMERICAN EXPRESS** (15 dígitos)   ☐ **VISA** (16 dígitos)   Caducidad ____/____

Nº | | | | | | | | | | | | | | | | |

Firma

"EL PAIS-OFERTA AL LECTOR" es un servicio para los lectores de **EL PAIS** realizado en colaboración con **O.D.P.** (Ofertas Directas en Prensa), **Grupo Kenton**
Para cualquier reclamación, dirigirse a **O.D.P.** Monte Esquinza, 28-3º. 28010 Madrid. Tel. (91) 319 62 03 • Fax (91) 319 92 46

4   Telycofax está avalado por:
   a   El País
   b   Telefónica
   c   Telyco

5   En un minuto puede transmitir:
   a   cuatro páginas
   b   quince páginas
   c   veinte páginas

6   Con Telycofax se puede:
   a   saber al momento cuanto dura la llamada
   b   obtener otra línea gratis
   c   hablar seis idiomas

b   Haz preguntas para las siguientes respuestas utilizando la palabra
   indicada entre paréntesis.

   1   Mide 41 x 25 x 13 centímetros. (dimensiones)
   2   155.250 pesetas más gastos de envío. (cuesta)
   3   Si encuentra este producto a un precio inferior dentro de los 30 días
         siguientes a su compra, le abonaremos la diferencia. (precio
         competitivo)
   4   12 meses. (garantía)
   5   No. Todos los elementos funcionan con una sola línea. (nuevas líneas)

E j e r c i c i o   A.7

Escucha la conversación que mantienen Mario García Barbón y dos
amigos, luego toma la parte de Ramón en la conversación.

RAMÓN:	...
MARIO:	¡Hombre Ramón! ¿Qué sorpresa? ¿Y tú por aquí?
RAMÓN:	...
MARIO:	Mucho gusto.
RAMÓN:	...
IGNACIO:	Encantado.
RAMÓN:	...
MARIO:	¿Por qué?
RAMÓN:	...
MARIO:	No sabía que jugabas al golf.
RAMÓN:	...
MARIO:	Pues si que lo siento pero este sábado ya les había prometido a los niños llevarlos a esquiar y, a menos que mi coche o el de Malena se estropee, no tengo alternativa.
RAMÓN:	...

MARIO:	Si tuvieras hijos ya verías.
IGNACIO:	Sí, en eso estoy de acuerdo con Mario. A menos que sean ellos los que no quieren ir, más vale que vayas o se pondrán insoportables.
RAMÓN:	...
RAMÓN:	...
IGNACIO:	Un solo.
MARIO:	Una manzanilla.
CAMARERO:	Entonces, un cortado, una manzanilla y un solo.
RAMÓN:	...
IGNACIO:	Y un agua con gas, pero que esté bien fría. ¿Os molesta que fume?
RAMÓN:	...
MARIO:	No a mí tampoco.
CAMARERO:	A ver, unos churros, un cortado, un solo, una manzanilla y un agua con gas... Perdone señor, pero aquí no se puede fumar. Está usted en el área de no fumadores.

Ejercicio A.8

Da una definición de las siguientes cosas:

1 un cortado
2 unos churros
3 un solo
4 una manzanilla

Ejercicio A.9

En la conversación anterior escuchaste a Mario rechazar una invitación. Ahora tú rechaza las siguientes invitaciones y explica por qué no las aceptas según las razones representadas en los dibujos.
Para ayudarte, tienes algunas expresiones útiles en el recuadro.

1

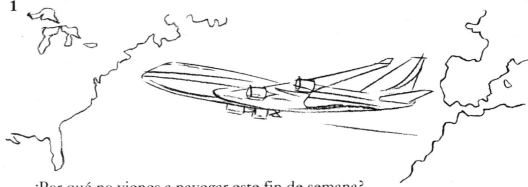

¿Por qué no vienes a navegar este fin de semana?

2

¿Vienes a cenar el jueves?

3

¿Por qué no vienes a pasar el fin
da semana a la sierra con la familia?

4

El sábado celebramos una fiesta
en casa de Miguel, ¿vienes?

5

Tengo unas entradas para el Ballet
Nacional, para el jueves a las 8
de la tarde, ¿te apetece venir?

Me gustaría pero es que ...	*Lo siento pero ...*
No sabes cuánto lo siento, pero ...	*Desgraciadamente...*
Lo siento pero resulta que ...	*¡Que lástima!, pero es que...*
Me encantaría pero...	

E j e r c i c i o   A.10

Lee el artículo sobre lo que comen los españoles.

a   Escribe una lista de los alimentos que consumen cada uno de los
personajes del artículo.

b Haz una encuesta en la clase sobre lo que comen y beben tus compañeros/as para el desayuno, el almuerzo y la cena.

HUEVOS FRITOS SECADOS AL PAPEL

Dos ejemplos de cómo comen los españoles y una tendencia anunciada: la creciente uniformidad en las dietas

Cuando va a la carnicería, Marisa Bell compra filetes de 150 gramos para su marido, Jaime Toja, y de 100 gramos para ella. Luego se los comen, uno cada día. Ni más ni menos. Nunca carne para cenar. Porque salen ojeras a la mañana siguiente, dice Marisa Bell, "por experiencia".

Los dos son modelos. Ella, de pies y manos. Él, de pies a cabeza. Edad: desconocida. Pero maduritos. Seguramente algo más de lo que aparentan. Él mide 1,85 y pese 77 kilos. Ella, 1,70 y 52. Afirman estar absolutamente bien de salud.

Nada de bollería para desayunar —sólo los sábados, porque Jaime va a jugar al frontenis, y hay que meter al cuerpo azúcares; Marisa alguna vez se atreve con un cruasán—; él toma café descafeinado; ella, cacao. Y fruta y jamón serrano. Comen fruta cinco veces al día (desayuno, media mañana, almuerzo, merienda y cena), alrededor de un kilo al día cada uno; plátanos y uvas, no, porque tienen mucho azúcar. Suelen tomar una ensalada enorme para comer y para cenar. La carne la acompañan siempre con pasta, patatas legumbres, verduras, arroz (alternando según los días); nunca con salsas con grasas. El plato de la noche suele ser

pescado. Pero no les hacen ascos, por ejemplo, a los huevos fritos. "Sabemos todos los trucos para comer de todo llevando una dieta sana. A los huevos fritos les secamos el aceite con una servilleta de papel", dice Marisa. :Y las tartas las hago yo en casa; con poco azúcar y harina; de frutas y con gelatina sin azúcar que traemos de Inglaterra".

Muchos yogures, sobre todo en verano. Apenas alcohol; como mucho, un vasó de vino para comer. El pan, siempre de centeno, con fibra. Embutidos, prácticamente nunca.
Él, además, se toma una cápsula con vitaminas en cada comida. Creen que la obsesión de algunas familias por atiborrarse — las suyas, por ejemplo, en Galicia, que han hecho del cerdo y la manteca los reyes de la cocina— se debe a las carencias que pasó una generación durante la guerra civil.

A la ley le encanta la ensaladilla rusa. Josefa Lepe, policía municipal en Sevilla, de 27 años, tiene algo en común con un buen número de sevillanos: desayuna, almuerza y cena a salto de mata; esto es, a salto de tapa. Entre atasco y atasco, o cerca de algún cruce conflictivo, Josefa repone fuerzas para ocho horas de

trabajo entre conductores furiosos.

Por eso, dice Josefa Lepe, no hay buen final sin un principio aceptable. Confiesa: "Soy una metódica incorregible". Y añade: "Me pongo furiosa si, antes de trabajar, no me tomo un café con leche y una tostada con mantequilla, y a poder ser con jamón; el zumo de naranja tampoco está mal...". La agente Lepe admite que, más que por dieta —"no sigo ningún tipo de régimen"—, su lista de bares está en función de la ensaladilla rusa y del trato. Lo explica: "Los policías no podemos entrar en cualquier bar".

Dice la agente 535 que los policías de tráfico, sobre todo por culpa del horario, almuerzan y cenan sin importarles el número de calorías ni los hidratos de carbono ni en fin, si las tapas engordan o no. Hay bares donde la costumbre y la pericia descriptiva del camarero convierten la lista de tapas en una sola frase: "Tenemos solomillo al whisky, berenjenas tapadas, champiñón relleno, patatas importancia, salmón ajillo...". Un desastre para la dieta, pero con más de 2.000 bares en Sevilla, se resigna Josefa: "¡Qué le vamos a hacer!". Todo sea por la circulación.

SECCIÓN B: CONSOLIDACIÓN

FORMACIÓN DEL PRETÉRITO IMPERFECTO DE SUBJUNTIVO

Es el único tiempo que tiene dos terminaciones por cada persona, y sin que importe el uso de una u otra.

Se forma a partir de la tercera persona del plural del pretérito indefindo de indicativo:

trabajar	trabajaron	⟶	trabaj**ara/ase**
poder	pudieron	⟶	pud**iera/ese**
escribir	escribieron	⟶	escrib**iera/iese**

Las terminaciones de los verbos regulares son:

	–ar	**–er**	**–ir**
sing.	trabaj**ara/ase**	com**iera/iese**	viv**iera/iese**
	trabaj**aras/ases**	com**ieras/ieses**	viv**ieras/ieses**
	trabaj**ara/ase**	com**iera/iese**	viv**iera/iese**
pl.	trabaj**áramos/ásemos**	com**iéramos/iésemos**	viv**iéramos/iésemos**
	trabaj**arais/aseis**	com**ierais/ieseis**	viv**ierais/ieseis**
	trabaj**aran/asen**	com**ieran/iesen**	viv**ieran/iesen**

Aquellos verbos que son irregulares en el pretérito indefinido de indicativo lo son en el pretérito imperfecto de subjuntivo.

USOS DEL IMPERFECTO DE SUBJUNTIVO

1 En frases condicionales:
si + imperfecto de subjuntivo + condicional
  a poco probables:

  Si tuvieras *hijos ya verías.*

  b de imposible realización:

  Si *el archivador* **fuese** *más funcional lo compraría.*

2 Después de **ojalá** para expresar un deseo muy difícil de alcanzar.

  Ojalá tuviéramos *el dinero para comprarla.*

3 También se usa en las frases indirectas cuando el verbo de la oración directa estaba en imperativo:

  – *Mira,* **pregúntale** *cuánto cuesta?* (estilo directo)
  ● *¿Cómo dijo...?*
  * *Que le* **preguntara** *cuánto costaba...* (estilo indirecto)

Ejercicio B.1

Completa las siguientes frases con los verbos adecuados.

1 Si me (aumentar) .... el sueldo me (comprar) ....
   un mini ordenador portátil.
2 Si tu oficina no (estar) .... tan lejos de la mía, algunos días
   (poder) .... comer juntas.
3 Te (dar) .... tiempo a coger el tren de las 18.15 si (salir)
   .... de la oficina a las 16.30.
4 (Hacer/yo) .... ese master, si (tener) .... más
   tiempo libre.
5 Si la copiadora EL-478 no (ser) .... tan cara me (gustar)
   .... comprarla.
6 No (tener/tú) .... esa tos si (dejar) .... de fumar.

Ejercicio B.2

Trabajo en parejas
Os encontráis en las siguientes situaciones, explícaselas a tu compañero/a.
Mira el ejemplo.

Ejemplo
A: Has estado trabajando todo el día con el ordenador y te duele mucho la
    espalda y la cabeza.
B: Tú también has estado trabajando pero tienes una silla ergonómica y
    un filtro de vidrio, para la pantalla de tu ordenador, y estás muy bien.

A: *Me duele muchísimo la cabeza y la espalda, pero no he trabajado más que*
    otros días.
B: *Si tuvieras una silla ergonómica y un filtro como yo, no estarías así.*

1 A: Has recibido el saldo de tu tarjeta de crédito y es muy elevado
       porque nunca pagas a tiempo.
   B: Tú nunca tienes deudas porque pagas antes de la fecha de
       vencimiento.
2 A: Estás buscando trabajo pero en casi todos los anuncios piden entre
       25 y 35 años y tú tienes 50.
   B: Tú tienes 27 años y también estabas buscando trabajo.
3 A: Te has puesto de muy mal humor porque tu jefe te ha pedido que
       te quedes hasta más tarde en la oficina para terminar un trabajo.
   B: Tú nunca trabajas después de tu hora y siempre tienes tiempo libre.
4 A: Siempre hablas mucho y tienes problemas por ello.
   B: Tú nunca hablas más que lo estrictamente necesario y todo te va
       muy bien.

5 A: Llevas varios años trabajando en la misma compañía y nunca te han ascendido.

   B: Tú también, pero te han ascendido dos veces porque asistes a muchos cursos de formación profesional.

6 A: Has roto la cinta del contestador automático cuando tratabas de repararlo.

   B: Tú siempre llamas al técnico cuando algo se estropea.

QUEJARSE, PROTESTAR, RECLAMAR

Cuando queremos quejarnos por algo o de alguien, podemos utilizar expresiones como:

No puede ser que	seas tan desorganizado. aún no tengamos la mercancía. siempre llegues tarde.
Esto es un desastre	llevo más de una hora esperando. lo compré ayer y hoy ya no funciona. les he llamado tres veces esta semana y todavía no han mandado a ningún técnico.
Desde luego	es la última vez que vengo a este restaurante. La comida es malísima, el servicio inaceptable y los precios un horror.
Ya está bien, No hay derecho.	(oiga) la calefacción sigue sin funcionar. (oiga) dijeron que llegarían a las 10 y son las 11. (oiga) les pedí una secretaria que hablara inglés y me mandan una que no sabe ningún idioma.

E j e r c i c i o   B.3

¿Qué dirías tú en las siguientes situaciones? Utiliza las expresiones para quejarte y protestar que tienes arriba.

Ejemplo

El taxi prometió llegar a las 5.00, llegó a las 5.30 y perdiste el avión.

No hay derecho, *oiga. Por su culpa he perdido el avión.*

1 Llegas al aeropuerto y te dicen que estás en lista de espera, pero tú habías hecho una reserva.

2 Habías concertado una cita a las cuatro de la tarde, son las cuatro y media y nadie te ha recibido.

3 Es la segunda vez en una semana que llevas el coche al garaje porque el cuadro eléctrico no funciona. Además has pagado las dos veces porque te han dicho que eran fallos distintos.

4   Hace dos semanas esperabas recibir un repuesto para tu ordenador IBM, pero tadavía no te lo han mandado. Sin el ordenador no puedes trabajar.

5   Tu jefe te había prometido un aumento de sueldo en abril. Ya es junio y no te han aumentado el sueldo. Además, como contabas con ese dinero, te compraste una serie de cosas con tu tarjeta de crédito, y el interés es muy alto.

Ejercicio B.4

> **Luis Sánchez Mejías**
> **García Lorca, 36 - 3°**
> **Granada**
>
> 12/04/94
>
> **Muebles Oficasa**
>
> Atn. Director Gerente
> Polígono Industrial Coya, 125
> 28011 Madrid
>
> Estimado señor:
>
> Acabamos de recibir su envío de las mesas escritorios y lamentamos tener que comunicarle que no se cumplieron las especificaciones que les habíamos dado.
>
> Les pedimos 4 mesas escritorio que _____ 3 cajones en el lado derecho y 5 con 2 cajones en el lado izquierdo. Además le dijimos que _____ de madera de pino y que _____ barnizadas y también que las medidas _____ exactamente a las que les dábamos para que _____ en los respectivos despachos.
>
> Sin embargo, no solamente no cumplió con el plazo de entrega de la mercancía sino que tampoco recibimos el pedido que nosotros le hicimos. Ya que tenemos 9 mesas de caoba y todas con 3 cajones en el lado izquierdo.
>
> Es más, cuando recibimos la factura pro forma, advertimos que no le había aplicado el descuento que habíamos acordado y que los términos de pago eran a 60 días cuando lo que decidimos había sido a 90 días.
>
> Realmente estamos muy sorprendidos ya que le hemos enviado varios faxes y una carta para que nos _____ alguna explicación y hasta la fecha no hemos recibido respuesta alguna.
>
> Caso de no recibir noticias suyas en los próximos 3 días, consideren cancelado el pedido.
>
> Atentamente,
>
> *Sánchez Mejías*
>
> Luis Sánchez Mejías.

a En esa carta de reclamación faltan los verbos. Complétala usando el verbo correcto en el pretérito imperfecto de subjuntivo.
Aquí tienes los verbos pero no están en orden:

ajustarse	*dar*	*caber*
ser	*tener*	*estar*

b Aquí tienes unas palabras que aparecen en la carta anterior. Relaciona dichas palabras con sus definiciones correspondientes.

1 pro forma
2 pedido
3 descuento
4 plazo
5 mercancía
6 envío

a Periodo de tiempo señalado para determinada cosa.
b Momento, especialmente día, mes y año en que sucede o se hace algo.
c Decisión entre dos o más personas.
d Factura provisional, pero que cumple todos los requisitos para que tenga efecto.
e Encargo de género que se hace a un fabricante o vendedor.
f Anular, dejar sin validez una obligación y el documento en que consta.
g Cualquier cosa que se puede comprar o vender.
h Rebaja aplicada a un precio dado.
i Despacho que se hace de una cosa.

c Habrás observado que había más definiciones que palabras. Ahora anota las palabras de las definiciones que sobran.

E j e r c i c i o   B.5

Acabas de recibir tu estado de cuentas y notas que el saldo no concuerda con tus cálculos. Además habías pedido al banco información sobre los créditos que ofrecían pero aún no has recibido respuesta. Aquí tienes un folleto del Banco Santander para que puedas escribirles quejándote. Fíjate en la carta anterior.

Llámenos.

Aunque no nos guste nada lo que nos diga, le atenderemos gustosamente.
En todo.

...O, afile su pluma, y escríbanos.

Utilice la carta-sobre adjunta cortando por la línea señalada. Una vez expuestas sus quejas, o reclamaciones pliegue el folleto, ciérrelo con la solapa engomada y deposite su carta en su Agencia del Banco Santander o en cualquier buzón de Correos. No necesita franqueo.

Para quejarse...

Lea este folleto.
Dentro, le contamos cómo quejarse.
Y no es un cuento:
le prometemos que tomaremos
medidas para mejorar la calidad
de nuestro servicio.
Gracias.

 Banco **Santander**

Banco Santander.
D. Carlos Hazas,
Director de Calidad-Servicio al Cliente.

Muy Sr. mío:

_____

_____

_____

_____

_____

_____

_____

_____

_____

_____

_____

_____

_____

_____

Datos de identificación

Nombre y apellidos _____

Calle _____ Nº _____

Población _____ Provincia _____ C.P. _____

Número de cuenta _____ Sucursal _____

Fecha _____

PEDIR PERMISO, CONCEDERLO, NEGARLO

1 Cuando pedimos permiso para hacer algo, y queremos expresarlo de manera indirecta, utilizamos expresiones como:

>**¿Le importa que** fume? (subjuntivo)
>**¿Le molesta si** abro la ventana? (indicativo)

● Si no nos importa, o no nos molesta, generalmente se expresa así:

>**No, no.**
>**No. Qué va.**
>**Qué va.**
>**No, está bien.**
>**No, claro que no.**

● Si nos molesta, o nos importa, generalmente se expresa así:

>**Preferiría que no lo hiciera.**
>**No creo que pueda fumar aquí.** (Estamos en la zona de no fumadores.)
>**Si no le importa, prefiero que no la abra.** (Tengo dolor de garganta.)
>**La verdad es que** (a mí el humo del tabaco me irrita muchísmo los ojos)/
>(tener las ventanas abiertas con el frío que hace...).

● No hay por qué justificar nuestra negación, pero haciéndolo denotamos cortesía, sobre todo cuando la situación es formal.

● Para hacer que nuestra petición o nuestra respuesta sea menos formal sustituimos el pronombre de complemento y la terminación verbal correspondiente (te/os).

>– ¿Os importa que fume?
>– No, qué va.

2 Cuando queremos pedir permiso de forma más personal o directa, solemos emplear expresiones como:

>**¿Puedo** furmar? (informal)
>**¿Podría** abrir la ventana? (formal)
>**¿Sería posible** que usara el fax? (más formal)

● Si no nos importa o no nos molesta, generalmente se expresa usando afirmaciones:

>**Sí.**
>**Sí, claro.**
>**Por supuesto.**
>etc.

● Si nos molesta o nos importa, se expresa igual que cuando denegamos permiso para peticiones más impersonales.

>– ¿Puedo venir más tarde mañana?
>– No. Lo siento, hay mucho trabajo.

147

E j e r c i c i o   B.6

Trabajo en parejas

Pide permiso a tu compañero/a. Te lo concederá o no. Justifica por qué no se lo concedes. Alternad los papeles.

Ejemplo

Estás en la oficina y quieres que tu jefe te deje salir antes. (concédeselo)

A: ¿Le importa que hoy salga a las dos?

B: No, no. Está bien.

(no se lo concedas)

B: La verdad que hoy no va a ser posible. Es vital que terminemos este informe para mañana.

1   Estás en casa de un amigo que tiene un programa de contabilidad para el ordenador que te gustaría probar en tu ordenador personal.

2   Estás en una reunión con otros jefes de sección y quieres fumar un cigarrillo.

3   Vais a presentar un proyecto muy importante, pero tú quieres revisarlo antes de entregarlo.

4   Estás en casa de un amigo y necesitas hablar por teléfono pero tiene el volumen del televisor muy alto.

5   En la oficina estáis planeando ir a cenar todos juntos el próximo viernes. Tú eres vegetariana.

6   Estás en un examen de español y quieres usar el diccionario.

7   Ayer te compraste una calculadora de bolsillo. Hoy vuelves a la tienda porque quieres cambiarla por un modelo más sofisticado.

8   La próxima semana vas a asistir a una feria en una ciudad en la que ya has estado otras veces. En la oficina ya te han reservado hotel, pero tú quieres cambiarlo por otro que ya conoces. Habla con tu jefe.

SECCIÓN C: COMUNICACIÓN

E j e r c i c i o   C.1

Trabajo en parejas

Unos amigos están en una cafetería haciendo planes para una fiesta sorpresa para otro amigo. Di tu parte en la conversación y anota lo que dice la otra persona. La persona A debe decir las frases en esta página. La persona B dirá las frases en la página 206.

CAMARERO:	¿Qué van a tomar?
PERSONA A:	*Say you'll have a cold beer.*
CAMARERO:	¿Una caña o de botella?

PERSONA A:	*Say how you want your beer.*
PERSONA B:	...
PERSONA C:	Para mí, un vermut rojo con bastante hielo.
CAMARERO:	¿Algo para picar?
PERSONA B:	...
CAMARERO:	Tortilla, mejillones, boquerones, croquetas, champiñones salteados con jamón, calamares, jamón, queso, pimientos de Padrón, gambas al ajillo, empanadillas de atún y de carne, chipirones en su tinta, fabada, callos ...
PERSONA B:	...
PERSONA C:	Yo quiero un par de empanadillas de carne.
PERSONA A:	*Say what you want.*
PERSONA C:	Bueno. ¿Y si para celebrar el cumpleaños de Miguel fuéramos a comer?
PERSONA B:	...
PERSONA A:	*Say that you could hold it at your house.*
PERSONA B:	...
PERSONA A:	*Say whereever.*
PERSONA C:	Me gustaría que fuera un sitio menos público.
PERSONA A:	*Say that, in truth, you would also prefer to have a private party.*
PERSONA B:	...
PERSONA C:	Bueno. Y ¿qué le vamos a comprar?
PERSONA A:	*Say that you don't know and suggest that you all buy him a silk tie.*
PERSONA B:	...
PERSONA A:	*Ask what Persona B suggests.*
PERSONA B:	...
PERSONA A:	*Say that that would ruin the surprise.*
PERSONA C:	Estoy de acuerdo. Y ya sabéis que a Miguel le encantan las corbatas.
PERSONA B:	...
PERSONA C:	No te pongas así. De todos modos no sabemos lo que tiene pensado Miguel para su cumpleaños. Es posible que no esté aquí.
PERSONA A:	*Say that you hope he will be here.*
PERSONA B:	...
PERSONA A:	*Say that you didn't know that Persona B played tennis.*
PERSONA B:	...
PERSONA A:	*Say that you feel great.*
PERSONA C:	Bueno. A ver ¿Dónde están esas bebidas?

E j e r c i c i o   C.2

a Aquí tienes la definición de unos platos típicos en los bares de España. Conecta la descripción con el nombre de la comida.

1	Callos	6	Horchata
2	Ensaladilla	7	Gazpacho
3	Tortilla de patatas	8	Fabada
4	Croqueta	9	Albóndigas
5	Boquerón	10	Empanadilla

a   Es una mezcla de huevo, cebolla y patata frita que tiene forma redonda y plana.

b   Es un pescado pequeño aliñado en vinagre, aceite y sal.

c   Es un potaje de habas, carne y chorizo.

d   Son bolitas de carne frita, a veces en una salsa.

e   Es una sopa fría a base de tomate, pepino, cebolla y pan, condimentada con sal, ajo, aceite y vinagre.

f   Son trozos del estómago de la vaca que se come guisado con habas blancas o garbanzos.

g   Es un pequeño trozo de masa, en forma de media luna o triángulo, relleno con carne, pollo o pescado etc., que se hace frito o al horno.

h   Es una mezcla de trozos de patatas cocidas, atún y cebolla aliñada con aceite y vinagre o con mayonesa.

i   Es una bebida fría hecha con chufas, azúcar y agua.

j   Es una pasta hecha a base de bechamel con pequeños trozos de carne o pescado a la que se da forma alargada y se fríe en trozos pequeños.

b   Ahora trata de apuntar todos los pedidos de las tres personas. Si no te acuerdas, vuelve a leer el texto.

Ejercicio   C.3

La impresora de los periodistas Luis Rubalcaba y Fernando de Haro no ha imprimido los subtítulos del artículo ¿Cómo Beneficiarse de una Feria? Lee el artículo y:

a   Coloca a cada párrafo su título correspondiente.

> *Mejore su red de distribución, busque distrubuidores locales, seleccione exportadores.*
> *Desarrolle sus ventas, tantee a la clientela, realice contratos.*
> *Revise su posición en el mercado.*
> *No haga sólo publicidad, ponga a prueba su estrategia de marketing.*
> *Benefíciese del cara a cara.*
> *Aproveche al máximo su información.*
> *Sea receptivo a las solicitudes de la demanda.*
> *Ponga a prueba sus nuevos productos.*

¿Cómo Beneficiarse De Una Feria?

1   Las ferias proporcionan un ambiente único para comercializar sus productos, utilice a fondo este laboratorio de ventas.

2   La función comercial no se agota con las ventas, la comercialización tiene un sentido amplio. Aunque no haya vendido mucho, si ha conseguido desarrollar su red de distribución o mejorar sus contactos quizás pueda darse por satisfecho.

3   Seguramente la participación en una feria es cosa de su Departamento de Marketing. Usted está acostumbrado a verlas como un canal alternativo de publicidad. Esto es bueno, pero hay que ir más allá. En una feria puede desarrollar una intensa actividad: aproveche la proximidad física con su clientela para formentar la imagen de su marca; compare su marketing con el de sus competidores; ponga a prueba su estrategia.

4   Una feria es un lugar privilegiado para comunicarse. Intente detectar las tendencias de la demanda, e incluso de la oferta. Cuando las haya detectado corrija su conducta y reasigne sus recursos.

5   Compare su productos con otros similares, evalue su especialización, revise el uso de tecnologías. En una feria tiene a su disposición la mejor radiografía del mercado en el que opera.

6   Es el mejor escenario para presentar, promocionar y verificar nuevos productos.

7   Una feria proporciona el encuentro entre una multiplicidad de agentes económicos en un periodo de tiempo muy reducido. Este rápido "feed-back" informativo genera economías de escala en los procesos de producción.

8   El cara a cara con los visitantes le permite realizar negocios fuera de los fríos cauces habituales. Benefíciese de los encuentros humanos que desde siglos se han venido realizando en las ferias.

b   Escribe un resumen sobre los beneficios de las ferias.

Ejercicio C.4

Lee la siguiente carta y completa el boletín de reserva con la información dada en la carta.

Ferrisa S.A.
Herramientos Industriales
Polígono Industrial El Hierro
Nave 21
34006 Mieres
Asturias

Teléfono: 985 - 56 37 94
Telex: 38437 FERSA D
Fax: 985 - 37 64 91

FeriNorte
Av. de Madrid s/n
48078 Bilbao

22 de abril 1994

Estimada Sta. Urrutia

Gracias por su atenta carta del pasado día 18.

Escribo para confirmar la asistencia de Ferrisa S.A. a la Feria Internacional de Maquinaria Industrial que se celebrará del 20 al 24 de junio, ambos inclusive. A continuación detallamos los servicios que vamos a necesitar, además de lo expuesto en nuestra carta del 8 del presente mes, sobre las necesidades del stand.

Para los días 21 y 23 vamos a necesitar una sala de vídeo.

Durante la semana completa es preciso que tengamos una oficina permanente con capacidad para 2 personas y la necesitamos durante las horas de apertura del certámen.

Es preciso que contemos con una secretaria durante la semana completa que hable y escriba inglés correctamente.

Necesitamos tener un ordenador donde podamos utilizar Lotus 123 (versión 3.1) y una impresora que nos sirva para imprimir gráficos y hojas de cálculo.

Queremos reservar una sala para 30 personas el día 24, desde las 12.30 hasta las 20.00 de la tarde.

Vamos a necesitar un intérprete para el stand, por si viniesen clientes extranjeros. Sin embargo, no queremos pagar los servicios de un intérprete que no esté trabajando la mayor parte del día. Sólo queremos pagar al intérprete cuando intervenga.

Me gustaría que nos hiciese una reserva para dos personas, para las noches del 19 al 24 de julio en un hotel que esté cerca del recinto ferial.

A la espera de sus noticias, le saluda atentamente.

Félix Ribas
Director de Ventas

BOLETIN DE RESERVA

FERI NORTE

Sr. ———————————————————————

Empresa ——————————— Cargo ———————————

Domicilo ———————————————————————

Teléfono———————————————————————

Télex ——————————— Fax ———————————

Firma

Esta reserva no será firme hasta que no se haya realizado el depósito que corresponde en cada caso.

NOMBRE DEL CONGRESO O REUNION

	FECHAS	Nº PERSONAS	HORARIO
AUDITORIO			
SALA A			
SALA B			
SALA MULTIFUNCIONAL			
SALA VIDEO-CONFERENCIAS			
OTRAS			
SERVICIOS COMPLEMENTARIOS			
OFICINAS TEMPORALES			
OFICINAS PERMANENTES			
FORMULA CLUB			

SERVICIOS COMPLEMENTARIOS

SECRETARIAS

AZAFATAS

INTÉRPRETES

MOBILIARIO O DECORACIÓN

RESERVA DE HOTELES

OTROS

Ejercicio C.5

Escribe una respuesta al señor Ribas, siguiendo estas indicaciones:

- Agradece la carta.
- Explica que la sala está ocupada y ofrece una alternativa.
- Explica que los intérpretes se contratan por días. Es posible contratarles por horas, pero no puedes garantizar que habrá uno disponible cuando él quiera.
- Di que necesitas saber si quiere una habitación doble o dos sencillas en el hotel.
- Termina la carta diciendo que si tiene más preguntas que no dude en ponerse en contacto contigo.

FERI NORTE — Avenida de Madrid s/n – 48078 Bilbao
Teléfono: (94) 374 46 29 – Télex: 26294 Ferno – Fax: (94) 28 33 93

Ferrisa S.A.
Polígono Industrial El Hierro
Nave 21
34006 Mieres
Asturias

28 de abril 1994

Atn.: Señor Félix Ribas

_____Sñr. Ribas.

Gracias _____
_____

Lamento informarle que _____
_____. Lo_____ pero ___
_____ hotel _____.

Con referencia a su solicitud de tener a su disposición un intérprete le puedo informar que
_____
_____
_____
_____.

Con respecto a la reserva del hotel,
_____
_____

Josefina Urrutia

Sta. Josefina Urrutia
Coordinadora de Promociones

Ejercicio C.6

Trabajo en grupos

El director de marketing de tu empresa está pensado en asistir a una feria en un país extranjero. Hace un mes asistió a una nacional y, además de estar fuera una semana, no consiguió muchos pedidos.

En dos grupos de tres o cuatro personas, discutid los pros y los contras de asistir a la feria en el país extranjero. Un grupo puede utilizar los argumentos del artículo *¿Cómo Beneficiarse de una Feria?* en el ejercicio C.3 para defender la decisión del director de marketing.

El otro grupo puede utilizar los argumentos esbozados en la página 207.

Ejercicio C.7

Trabajo en grupos

Trabajad en grupos de tres o cuatro. Cada grupo elige uno de los productos. Leed la información sobre ellos y preparad una presentación de dicho producto para exponerla al resto de la clase.

Describid:

- para qué sirve.
- sus dimensiones y el peso, si es posible.
- accesorios, si los tiene.
- el precio.
- etcétera.

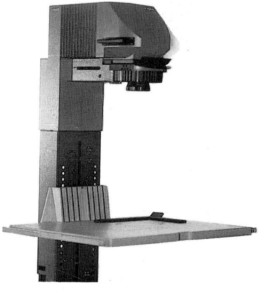

a Ampliadora Mágico

Función: Copiar fotografías
Características: Fácilmente montable. Construcción modular. Puede anclarse, mediante una sencilla presa de sujección, en cualquier saliente de un mueble
Formato película: 35 mm. blanco y negro
Ventajas: Manejo sencillo. Fácil de improvisar cuarto oscuro: cocina, cuarto de baño... Tablero regulable
Accesorios: Gran angular (4,5/38 milímetros). Lámpara opalina de 75 vatios
Precio: 37.000 pesetas, IVA incluido

b Silla Ergonómica

Función: Evitar las malas posturas al sentarse
Características: Novedoso diseño. Regulable, se adapta a cualquier

anatomía. Acolchada. Estructura de madera de pino maciza barnizada
Accesorios: Incorpora 4 ruedas para facilitar los desplazamientos
Ventajas: Mejora rendimiento en el trabajo
Precio: 8.645 pesetas, IVA incluido

c   Nokia 121

Función: Libertad de comunicación
Características: Teléfono inalámbrico con tecnología D2NS (Doble supresión de ruidos)
Medidas: 280 grs. de peso y 22 mm. de grosor
Formato: Gris, negro o verde oscuro
Ventajas: Cien posiciones de memoria alfanumérica. Autonomía de cuatro horas. Autonomía 140 minutos de conversación y 30 horas de espera con batería de larga duración opcional
Accesorios: Batería estándar 380 MAH y cargador. Control de volumen lateral y salida para conexión antena exterior
Precio: Aproximado 109.900 pesetas

d   HP Omnibook 425

Función: Aprovechar el tiempo en los desplazamientos
Características: Ordenador superportátil. Pantalla reflectora mejorada y unidad de disco duro PCMCIA-almacenamiento de gran capacidad basado en tarjeta de disco flash- Puede funcionar con pilas AA
Peso: 1,3 kilos
Ventajas: Dimensiones reducidas
Prestaciones: Acceso, mediante cambio de modalidad, a una serie de aplicaciones Windows incorporadas, incluidas WinWord y Excel, y un conjunto de prácticas aplicaciones de gestión: listín telefónico, agenda, calculadora financiera...
Precio: 330.000 pesetas

A CUSO RECIBO...

In this unit you will:

- Practise the perfect subjunctive
- Practise more uses of the imperfect subjunctive
- Practise expressions of surprise
- Practise writing business letters
- Debate various points

SECCIÓN A: INTRODUCCIÓN

E j e r c i c i o   A.1

Escucha la conversación entre Mario García Barbón y Jesús Herrera, luego, según lo que oyes en la cinta, completa las siguientes frases con los verbos en su forma y tiempo correctos.

1 En el momento que Mario llega al despacho, Jesús .... de comunicarse con Elvira.

2 A Jesús le parece muy raro que Elvira no .... todavía. Pero piensa que .... problemas con el tráfico.

3 Jesús espera que la feria .... beneficiosa.

4 Mario dice que .... unos contactos que .... interesantes.

5 Mario dice que es posible que Carlos .... su compañía.

6 Jesús nunca .... que Carlos Martínez tendría que cerrar Estudio 6.

7 No parece que las cosas le .... muy bien a Carlos, desde que Trueba se ....

8 Carlos .... que todos los empleados .... en la empresa aunque no .... trabajo.

9 Jesús le pregunta a Mario qué .... si se .... en contacto con Carlos.

10 Mario no cree que .... mucha gente enterada, pero está seguro de que no .... los únicos.

Ejercicio A.2

Escribe y luego di, cuál puede haber sido la razón para las siguientes situaciones. Mira el ejemplo

Ejemplo

Son las diez de la mañana y Elvira no ha llegado a la oficina. Normalmente llega a las ocho y media.

Es posible que *haya tenido problemas con el coche.*

1 Estás esperando una carta muy importante que debería haber llegado hace dos días.

Es probable que ...

2 En una reunión muy importante faltan dos compañeros de trabajo.

Quizá nadie ...

3 Fuiste al aeropuerto a buscar a un cliente muy importante que venía con su esposa. Sin embargo no apareció nadie.

Puede que ...

4 Hace más de una hora que estáis llamando por teléfono a una amiga pero siempre comunica. Sabéis que está en casa y esperando vuestra llamada.

Tal vez no ...

5 La semana pasada fuiste de viaje de negocios a otra ciudad y te llevaste tu ordenador portátil. Al regresar te das cuenta de que no está en ninguna parte.

Quizás lo ...

Ejercicio A.3

Las expresiones de la columna de la izquierda aparecen en la conversación anterior. Las de la columna de la derecha corresponden a sus sinónimos. Relaciónalas correctamente.

1	en fin	**a**	es decir
2	a qué no sabes	**b**	a escondidas de
3	nunca lo hubiera creído	**c**	sabemos
4	aun cuando	**d**	ocurre que
5	o sea	**e**	bueno
6	si mal no recuerdo	**f**	quién lo hubiera pensado
7	a espaldas de	**g**	no te imaginas
8	estamos al tanto de	**h**	es una calamidad
9	resulta que	**i**	si la memoria no me falla
10	es un desastre	**j**	aunque

E j e r c i c i o   A.4

En el informe que ha escrito Mario sobre la feria a la que ha asistido, faltan algunas preposiciones. Escribe la preposición correcta en los espacios en blanco. En el recuadro tienes todas las preposiciones españolas. Pero no se usan todas y algunas se repiten.

De: Mario García Barbón

Para: Jesús Herrera

              Joaquín Martín Santos

              Elvira Zubiaga

              Laura Saavedra

Fecha: 20 de junio

Asunto: Informe IX Feria Internacional de Publicidad y Comunicación

      – Hice contactos _____ Manuel Jiménez Arteaga y Salvador Garmendía Ruibal, del Ministerio del Medio Ambiente, que se mostraron muy interesados en hablar _____ futuros proyectos. _____ los cuales, cabe resaltar una campaña de concientización, a nivel nacional, _____ los incendios forestales.

      – _____ pude observar, las agencias de viajes están _____ la busca y captura de clientes, y dos de los directores _____ los que hablé, se pondrán en contacto _____ nosotros _____ finales de mes. _____ lo tanto, conviene revisar el archivo fotográfico, _____ que todo esté al día y, _____ todo, asegurarse con los fotógrafos y modelos.

      – La parte más relevante fue el descubrimiento del posible cierre _____ Estudio 6. De ser cierto, se abrirían grandes posibilidades _____ nuestra empresa. Ya que si pudiéramos conseguir sus cuentas, entraríamos _____ lleno _____ el mercado estadounidense.

      Parece que esto anularía, en principio, la necesidad _____ fusionarnos con DSD. _____ yo lo veo, considero que existen tres alternativas _____ tener _____ cuenta:

1ª   Dejar DSD y tratar _____ obtener los clientes de Estudio 6.

2ª   Seguir adelante _____ la fusión pero, _____ la vez, intentar conseguir los clientes de Estudio 6.

3ª Olvidarse _____ los clientes de Estudio 6 y tratar _____ abrir mercado _____ DSD.

Recomendaciones:

Dado que no existe certeza alguna _____ que vayamos _____ conseguir los clientes de Estudio 6, _____ mi opinión, lo mejor sería que nos inclináramos _____ la segunda alternativa.

No obstante, _____ ninguna manera quisiera que descartásemos las otras posibilidades, siempre y cuando existan argumentos _____ peso que las avalen.

Mario García Barbón

Mario García Barbón

---

a	*ante*	*bajo*
cabe	*con*	*contra*
de	*desde*	*en*
entre	*hacia*	*hasta*
para	*por*	*según*
sin	*so*	*sobre*
tras		

Ejercicio A.5

Vuelve a leer el informe y di si las siguientes afirmaciones son verdaderas o falsas. Cuando sean falsas corrígelas.

1 En el Ministerio del Medio Ambiente quieren hacer una campaña publicitaria para que la gente haga fuegos solamente en los bosques.
2 Mario hizo un mal papel ante los dos representantes del Ministerio del Medio Ambiente.
3 Mario cree que existe la posibilidad de que Publica consiga un contrato con alguna agencia de viajes.
4 Tal vez alguno de los fotógrafos o modelos que suelen usar no estén disponibles, cuando los necesiten en Publica.
5 Cuando Mario termine el informe Estudio 6 se habrá cerrado.
6 A Publica lo que realmente le interesa es hacerse con la cartera de los clientes norteamericanos.
7 Según la opinión de Mario, no existe ningún interés en la fusión con la compañía inglesa DSD.
8 Mario no quiere, bajo ningún concepto, que se elimine ninguna alternativa.

Ejercicio A.6

a Escucha esta parte de la reunión y marca, para cada persona, su grado de aceptación a las propuestas de Mario en el memorandum.

	Opción 1	Opción 2	Opción 3
Elvira			
Laura			
Jesús			
Joaquín			
Mario			

Muy a favor	= //	En contra = x	
A favor	= /	Muy en contra = xx	
Neutro	= o		

b Ahora compara tus resultados con un compañero y debate los puntos de diferencia, si existen.

E j e r c i c i o   A.7

Publica ha hecho un pedido de muebles de oficina a un distribuidor de la compañía Despachos. Al distribuidor le faltan ciertas mercancías y llama a un nuevo fabricante extranjero para hacer el pedido del género que no tiene en existencia. Escucha la conversación entre el distribuidor español y el fabricante extranjero y completa la carta con los datos que faltan.

DESPACHOS

AVDA. GABRIEL Y GALÁN, 37 – 28010 MADRID – TEL./FAX. 308 43 43

JOHN FORSYTH CO. LTD.
36 ARCHORNE PLACE
PORTSMOUTH PO3 4PA
ENGLAND

s/ref.: SP/8   n/ref.: JF/01

Madrid, 30 de junio de 1994

Asunto: Pedido nº 3.415

Estimados señores:

Confirmando la _____ telefónica de la mañana de hoy, nos es grato cursarles pedido de:

__ mesas	ME2/793 a 36.254 ptas./u.	72.508 ptas.
3 mesas	_____ a 31.197 ptas./u.	93.591 ptas.
__ archivadores	ACH/097 a 17.079 ptas./u.	119.679 ptas.
4 arxhivadores	ACH/010 a 14.456 ptas./u.	57.824 ptas.
	TOTAL:	343.602 ptas.

- Forma de _____:g/nom. a ___ días d.f.f.
- Plazo de _____ : 15 días.
- Enviar por NAVITRAN S.A., F.O.B. y C.I F.

Atentamente,

A. Rodríguez Pérez

Alberto Rodríguez Pérez
Dpto. de Compras

Ejercicio A.8

En la columna de la izquierda tienes los significados de las abreviaturas y siglas que aparecen en la carta anterior, y en la de la derecha las siglas y abreviaturas. Relaciona las dos columnas correctamente.

1	coste seguro y flete	**a**	Avda.
2	unidad	**b**	n/ref.
3	su referencia	**c**	nº
4	departamento	**d**	CIF
5	franco a bordo	**e**	nom.
6	número	**f**	d.
7	nuestra referencia	**g**	f.f.
8	pesetas	**h**	g/
9	días	**i**	u.
10	fecha factura	**j**	s/ref.
11	avenida	**k**	Dpto.
12	giro	**l**	ptas.
13	nominal	**m**	FOB

Ejercicio A.9

Lee el siguiente texto.

Tirar del ovillo

Hilo Traductor decide invertir 120 millones en un sistema de traducción informática

CONCHA GIL

Describrar el contenido de un contrato empresarial escrito en alemán, traducir al ruso las bases de un posible acuerdo comercial o desentrañar el significado de un texto jurídico escrito en francés es tarea complicada para muchos, sobre todo si el tiempo apremia. Para Thierry Taddei, consejero delegado de la empresa madrileña Hilo Traductor, sin embargo, "la calidad prima sobre la rapidez".

Esta firma, constituida en junio del año pasado, ha lanzado al mercado un sistema telemático de traducción que ha supuesto una inversión aproximada de 120 millones de pesetas y permite transmitir un texto por vía telefónica, con un modem desde el ordenador, a través de un fax o del servicio de correo electrónico Mensatex, de Telefónica, y recibirlo del mismo modo traducido al inglés, francés, aleman o ruso. La tarifa media del servicio, que también puede encargarse en papel o disquete, es de 2.350 pesetas por folio (alrededor de 8,50 pesetas por palabra). La facturación prevista para este año es superior a los 500 millones de pesetas.

"Es difícil que una máquina pueda hacer una traducción perfecta, por eso lo más importante es que su trabajo se complementa con el de un grupo de correctores de elevada preparación lingüística", señala Taddei. Hilo Traductor, que tiene su centro operativo en la localidad madrileña de Leganés, cuenta en la actualidad con una docena de traductores profesionales, la mayoría de ellos filólogos. Este año, la empresa ha previsto incrementar su plantilla a 50 correctores en tres turnos.

Por su parte, para Juan Antonio Torres, director de administración y finanzas de Hilo Traductor, lo más importante de este producto es su especialización. "El programa es capaz de traducir cualquier tipo de texto técnico, desde médicos o informáticos a financieros o de marketing", dice el directivo. Además, la velocidad del servicio es una de las mejores bazas con las que cuenta la firma (el programa es capaz de traducir 120.000 palabras por hora, lo que equivale, aproximadamente, a 15 folios por minuto).

El lanzamiento de este nuevo producto se basa en la adquisición, por cinco años, de los derechos exclusivos sobre este programa, en España y Portugal, en virtud de un acuerdo que ha sido firmado por la empresa creadora del mismo, la norteamericana Globalink, que en 1993 ha facturado aproximadamente 800 millones de pesetas y cuenta con 70 trabajadores. La compañia Telefónica Servicios Avanzados de Información suministra, por su parte, el soporte de las telecomunicaciones y se ha comprometido a poner su red comercial.

Para el director de administración y finanzas de Hilo Traductor, uno de los mayores problemas con los que cuenta el mercado de las traducciones en España es la inestabilidad laboral del personal que se dedica a esta actividad, lo que repercute en la falta de homogeneidad en la calidad de los trabajos. "Este es un mercado muy maltratado. Mal pagado e inestable, lo que no favorece precisamente al servicio. Nuestro propósito es darle una estructura empresarial", señala Torres.

a   Contesta las siguientes preguntas.

1   ¿A qué se dedica la empresa Hilo Traductor?
2   Explica ¿hubiera sido posible haber montado ese negocio hace 50 años?
3   ¿Cuáles son las ventajas más importantes del servicio que ofrecen?
4   Explica los problemas que existen en el mercado de traductores en España.

b   ¿A qué hacen referencia las siguientes cifras?

1 120   **2** 2.350   **3** 8,50   **4** 500   **5** 50
6 120.000 **7** 15   **8** 800   **9** 70

c   Traduce el artículo a tu lengua.

SECCIÓN B: CONSOLIDACIÓN

FORMACIÓN Y USOS DEL PRETÉRITO PERFECTO DE SUBJUNTIVO 1

Se forma con el presente de subjuntivo del verbo **haber** y el participio del verbo que se conjuga.
Usamos el pretérito perfecto de subjuntivo cuando la oración principal, en presente o futuro de indicativo, introduce una oración de subjuntivo que se refiere a un hecho pasado.

Espero que la feria **haya sido** *beneficiosa.*

Acción pasada: la feria ya se terminó.

E j e r c i c i o   B.1
Completa las siguientes frases según el ejemplo.

Ejemplo
Es una pena que *Juan no haya conseguido* el puesto.
(Juan/no conseguir)

1   Estoy contento de que .... el contrato.
(nosotros/firmar)
2   Es una lástima que .... a un acuerdo.
(ellos/no llegar)
3   No saldrá de la reunión hasta que ....
(él/obtener) la concesión de las obras.
4   Es imposible que .... (tú/terminar) tan pronto.
5   No es aconsejable que aumentemos las producción hasta que
.... el pedido. (nosotros/recibir)

6 Es raro que ....
(Juan y Elena/no llamar)
7 No es cierto que ....
(Estudio 6/cerrar)

USOS DEL PRETÉRITO PERFECTO DE SUBJUNTIVO 2

Para expresar duda sobre una acción pasada.

No creo que Elvira **haya llegado***.*

E j e r c i c i o   B.2
Completa la siguientes diálogos. Sigue el ejemplo.

Ejemplo
– ¿Ya repararon la fotocopiadora?
– No creo que *la hayan reparado.*

1 ¿Sabes si ya ha firmado el contrato?
No creo que ...., su abogado todavía no
ha regresado de Londres.
2 Ya imprimieron los nuevos folletos ¿no?
Dudo que .... Estuvieron en huelga toda la
semana.
3 ¿Qué tal le fue a Mario en la feria?
No lo sé, pero espero que .... bien.
4 ¿Qué opinas de los planos para la nueva fábrica, los viste?
No todavía no, pero en cuanto .... te lo diré.
5 Los diseños que hicieron para el anuncio de Cola-Coca me parecen
espantosos.
Pues el representante viene a verlos esta tarde. Espero que
.... otros.

SORPRESA E HIPÓTESIS SOBRE HECHOS PASADOS

Para expresar sorpresa o formular hipótesis se puede usar también el pretérito
perfecto de subjuntivo.

¡Qué raro que no **haya llegado** *todavía!*
No creo que muchos se **hayan enterado***, pero no seremos los únicos.*

Otra forma de expresar hipótesis, es con el futuro perfecto de indicativo.

El **futuro perfecto** se forma con el futuro del verbo haber y el participio del verbo
que se conjuga.

***Habrá tenido** problemas con el tráfico.*

Algunas expresiones útiles para:

- expresar sorpresa: ¡Qué raro que ...
                               ¡Qué extraño que ...
                               Me extraña que ...

- tranquilizar: No mujer/hombre ...
                               ¡Qué va ...

- expresar falta de sorpresa: Pues a mí no me sorprende nada ...
                               A mí no me extraña ...
                               Pues yo ya me lo imaginaba ...

E j e r c i c i o   B.3

Transforma los siguientes diálogos según el ejemplo.

Ejemplo
– No ha llegado.
– Tendrá problemas con el coche.

Qué raro que *no haya llegado*.
Habrá tenido problemas con el coche.

1 – No le han dado el puesto a Cristina.
  – Será porque es una mujer.

  – Me extraña que ...

  – ...

2 – Han vendido la sección de productos químicos.
  – Necesitarán dinero.

  – ¡Qué raro que ...

  – ...

3 – Contrató a una compañía de relaciones públicas.
  – Querrá cambiar de imagen.

  – ¿No te parece raro que ...

  – ...

4 – No aceptó el trabajo.
  – Estará muy ocupada.

  – Me parece muy extraño que ...

  – ...

5 – Todavía no ha despedido a Juan.
  – No sabrá cómo hacerlo.

  – Me extraña que ...

  – ...

E j e r c i c i o   B.4

Sara está hablando con Mara, otra empleada de Publica, sobre sus temores.
Ordena la conversación en forma lógica. La primera está bien.

165

SARA: ¿Y qué pasará ahora, por qué habrán convocado esa reunión?

MARA: No, mujer, no. No es eso, lo que quería decir es que no se gana nada haciendo especulaciones. Venga vámonos a trabajar.

SARA: Sí pero el memorandum hacía referencia a DSD... ¿Se habrán echado atrás?

MARA: Nada mujer, no te preocupes que no pasa nada, últimamente se la pasan en reuniones. Y como Mario acaba de llegar de una feria pues tendrá cosas que decirles...

SARA: Pues yo acabo de llegar y si no se hace la fusión, puede que no me necesiten... Después de todo no tengo más que un contrato temporal.

MARA: ¿Y qué más da?

SARA: No, no ... Mira, no se lo digas a nadie, pero es que yo vi una copia del memorandum y decía que era urgente. ¡Me extraña mucho...!

MARA: ¡Ay mujer! si te contrataron es porque te necesitaban, con o sin DSD. Por otro lado, seguro que se trata de un asunto que no nos afecta para nada.

SARA: O sea, que a ti no te preocupa lo que pueda pasar.

MARA: Pues a mí no me sorprende en absoluto. Mario se habrá enterado de algo en la feria que tal vez sea de interés para la compañía y, ya sabes, en el mundo de la publicidad hay que moverse muy rápidamente.

USOS DEL IMPERFECTO DE SUBJUNTIVO 3

En frases que necesitan subjuntivo y el tiempo del verbo principal es un pretérito imperfecto o un indefinido o un condicional.

> Me **gustaría** que no **olvidárais** el esfuerzo...
> Carlos **exigía que trabajáramos** duro.

Después de frases impersonales cuyo verbo es un pretérito imperfecto o un indefinido o un condicional.

> **Era imposible que hiciéramos** las dos cosas.

Ejercicio   B.5

Completa las siguientes frases con la forma correcta del imperfecto de subjuntivo.

1   Ella buscaba dos secretarias que (hablar) .... y (escribir) .... bien español.

2   Le dije que era confidencial, no pensé que (ser) .... a decírselo a nadie.

3   No les he telefoneado porque pensé que lo mejor sería esperar a que ellos nos (llamar) ....

4   Ahora tenemos mayoría, por eso era tan importante que tú también (votar) ....

5 No sabía que Juan (saber) .... japonés.

6 Estoy cansada de subir y bajar escaleras, me gustaría que (poner/ellos) .... otra fotocopiadora en este piso también.

7 Carlos prefirió que todos sus empleados (quedarse) .... en su puestos de trabajo.

8 Nos gustaría que nos (hacer) .... un descuento mayor.

ESQUEMA DE LA CARTA COMERCIAL

Membrete		Destinatario
su/nuestra referencia		Lugar y fecha
Asunto		
Saludo		

Cuerpo de la carta

Despedida

Antefirma

Firma

Saludos:
Para un solo destinatario:

Señor/a
Muy señor/a mío/a
Muy señor/a nuestro/a
Estimado/a señor/a
Distinguido/a señor/a

Para varios destinatarios:

> Señores/as
> Muy señores/as míos/as
> Muy señores/as nuestros/as
> Estimados/as señores/as
> Distinguidos/as señores/as

Cuerpo de la carta:

Se inicia con una pequeña introducción:

> Acusamos recibo de su carta del día ...
> Recibimos su atenta carta de fecha ...
> Confirmamos nuestra carta de fecha ...
> Confirmando nuestra conversación telefónica de ...
> Sin contestación a nuestra carta del ...
> Nos complace comunicarle que ...
> En relación con su envío de ...
> No es grato poner en su conocimiento que ...
> En contestación a su carta del ...
> Gracias por su atenta carta del ...

Frases de uso general:

> Les agradeceríamos nos confirmara/n ...
> Les rogamos nos indique/n ...
> Les rogamos nos haga/n saber ...

Frases para pedir disculpas:

> Lamentamos mucho que el envío no haya ...
> Sentimos que no estén satisfechos con ...
> Sentimos tener que comunicarles que ...
> Lamentamos tener que comunicarle que ...

Despedida:

> Atentamente,
> Cordialmente,
> Le saluda muy atentamente,
> Le saludamos atentamente,
> Reciban un cordial saludo,
> En espera de sus noticias, les saludamos atentamente,

Firma:

> Si la persona que firma tiene autorización, se pone:
>   p.a. (por autorización)
>   o
> p.o. (por orden)

Ejercicio B.6

Te habrás dado cuenta de que en la carta de pedido que la compañía *Despachos* envió a *John Forsyth Co. Ltd.* se olvidaron de incluir uno de los artículos que habían mencionado en su conversación telefónica. Si no lo recuerdas vuelve a escuchar la cinta y revisa la carta de pedido.

a Toma el papel de un/a secretario/a del departamento de ventas de *John Forsyth Co. Ltd.* y escribe una carta a *Despachos*, para confirmar que los artículos que quieren son los que están en la carta de pedido, ya que no coinciden con lo que habían entendido por teléfono.

b Ahora escribe una carta, de parte del departamento de compras de *Despachos*, a la compañía inglesa para agradecerles su carta y mandar el pedido completo, tal y como había sido por teléfono.
El precio del artículo es de 30.235 pesetas por unidad.

SECCIÓN C: COMUNICACIÓN

E j e r c i c i o C.1

Trabajo en grupos

Trabajad en grupos de tres. Cada persona debe hacer preguntas sobre uno de los productos, y decidir con quién hacer negocios según las respuestas. La Persona A preguntará sobre el producto 1, la Persona B sobre el producto 2, y la Persona C sobre el producto 3. Asimismo cada persona debe contestar las preguntas según las indicaciones.
La Personas A y B trabajarán con la información en esta página, y la Persona C con la información en la página 208.

Organizador electrónico Silla de madera plegable Chalecos multicolores
Persona A

Producto 1	Producto 2	Producto 3
Pregunta sobre:	Responde con:	Responde con:
• el precio	• 2.780 ptas. por unidad	• 1.350 ptas. por unidad
• los términos de pago	• pino y verde	• 9 diseños
• el plazo de entrega	• transferencia bancaria	• 1 mes
• descuentos	• 2 semanas	• carta de crédito
• garantías	• No. Tienes precios muy competitivos	• no hay
	• 3 meses	• en fábrica (EXW)

Ejercicio C.2

Trabajo en grupos

En grupos de tres discutid la siguiente situación. Vuestra compañía quiere cambiar el horario de trabajo en la oficina. Hasta ahora trabajabais de 9.00 a 1.30 y de 4.00 a 8.00. Ahora la dirección quiere introducir un horario corrido de 9.00 a 8.00 utilizando trabajadores temporales para cubrir las horas extras.

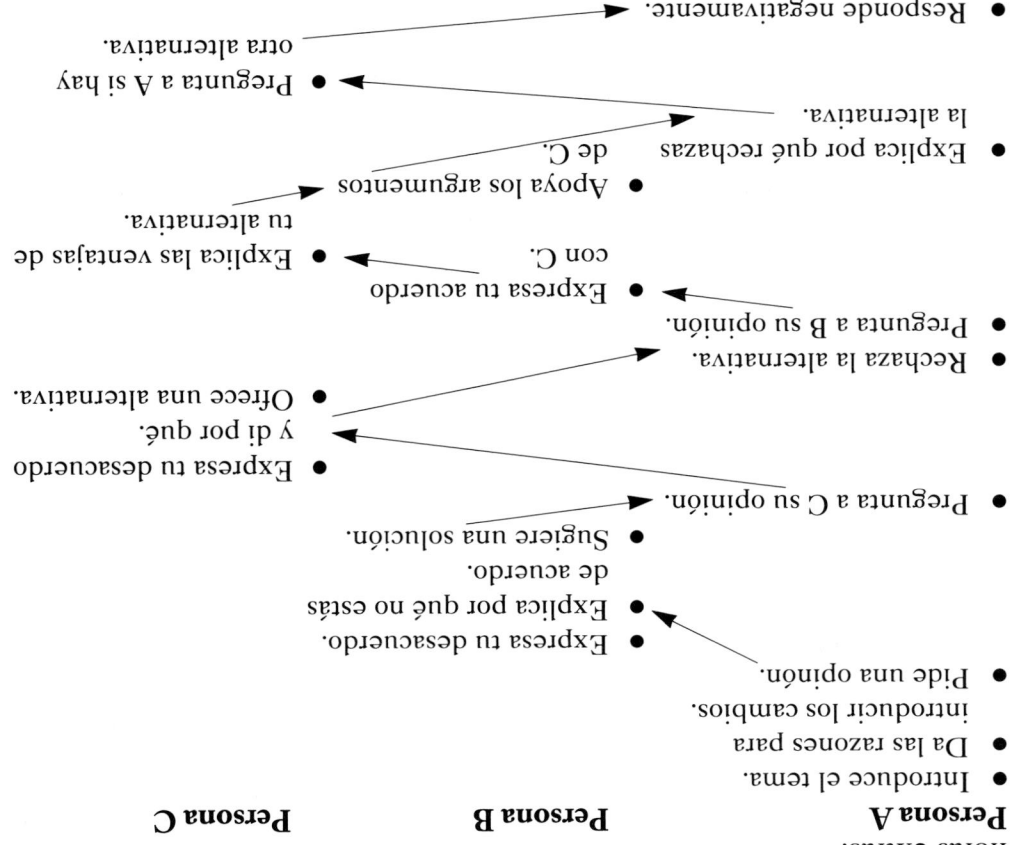

Persona A	Persona B	Persona C

Persona A
- Introduce el tema.
- Da las razones para introducir los cambios.
- Pide una opinión.
- Expresa tu desacuerdo.
- Explica por qué no estás de acuerdo.
- Sugiere una solución.
- Pregunta a C su opinión.
- Responde negativamente.

Persona B
- Expresa tu desacuerdo y di por qué.
- Ofrece una alternativa.
- Rechaza la alternativa.
- Expresa tu acuerdo con C.
- Apoya los argumentos de C.
- Explica por qué rechazas la alternativa.
- Pregunta a A si hay otra alternativa.

Persona C
- Pregunta a B su opinión.
- Explica las ventajas de tu alternativa.

Producto 1	Producto 2	Producto 3
Responde con:	Pregunta sobre:	Responde con:
• 25.000 pesetas la unidad CyF (Coste y Flete)	• el precio	• 1.600 pesetas
• una letra a 60 días	• diferentes colores	• 4 diseños
• despacho inmediato	• términos de pago	• crédito irrevocable
• un descuento de un 5% por pedidos de más de 100 unidades	• plazo de entrega	• depende del tamaño del pedido
	• descuentos	• flete pagado hasta destino (CPT)
	• garantías	• un año de garantía

Persona B

E j e r c i c i o   C.3

Escucha el mensaje del contestador automático y, según las instrucciones, escribe la carta.

Polígono Industrial La Ceca
Avenida La Meca 12
12854 Oviedo
Tel: 84-7431784
Telex: 56754 SOSA
Fax: 84-6284712

7 de noviembre 1994

Atn:

Estimado

E j e r c i c i o   C.4

Al debate

Trabajo en parejas o grupos de dos.

Leed el texto 'Diario de un yuppy venido a menos'.

Diario, de un "yuppy" venido, a menos

Martes

¿Seré idiota?. -Mientras mojo unas porras en el café con leche, me interrogo sobre el titular del día. ¿Será cierto que la bajada de los impuestos reanimaría la economía, tal como asegura el Partido Popular? Su cálculo viene a ser el siguiente: al pagar menos a Hacienda, la gente dispone de más dinero limpio y lo gasta en utilidades, fruslerías, o bien lo ahorra (casi nadie consigue gastar y aho-rrar al mismo tiempo). Entonces, bancos y empresas aumentan sus ingresos, fortaleciendo las cuentas de resultados. El Gobierno clama que de eso nada. Antes bien, bajar los impuestos agrava el déficit público y más gente lo pasará mal, porque no habrá fondos para desempleados, jubilados y desar-raigados en general (sin contar con los funcionarios y a los bancos en crisis). ¿Seré idiota? Pues ambos argumentos me parecen cargados de sensatez.

¿Con cuál de las dos posiciones estás más de acuerdo?

Explica por qué, utilizando otras razones además de las expuestas en el texto.

El grupo A debe preparar una defensa de la postura del Partido Popular sobre los impuestos y la libertad del mercado libre, y el grupo B la del Gobierno y la intervención del Estado en el mercado.

Podéis utilizar las ideas a continuación para apoyar vuestros argumentos.

Grupo A
- El mercado es el mejor sistema para asignar los recursos.
- La gente puede elegir, producir y consumir según sus preferencias y disponibilidades.
- El mercado no precisa la intervención del estado ni ninguna agencia de planificación.
- Los individuos tienen incentivos financieros para actuar de forma productiva.
- Los precios logran equilibrar la oferta y la demanda.

Grupo B
- Hay que proteger a los más débiles en la sociedad.
- Existen mercados en los que la competencia es imperfecta.
- Existen ciertos bienes públicos que no tienen precio individualizado.
- La publicidad puede utilizarse para manipular a los consumidores.
- Las economías de mercado tienden a ser inestables.

E j e r c i c i o   C.5

Trabajo en parejas

Os encontráis en las siguientes situaciones. Tú expresas preocupación o sorpresa y tu compañero/a trata de tranquilizarte formulando hipótesis o no se sorprende porque tiene más información que tú.

Ejemplo

Hace una semana te entrevistaron para un trabajo. No se han puesto en contacto contigo.

* *¡Qué raro que no me hayan llamado! ¿Será que no me quieren?*
- *No mujer. Habrán tenido que entrevistar a más gente.*
    o
- *Pues a mí no me parece raro. Últimamente ponen anuncios y hacen entrevistas para cumplir con la ley, pero el puesto ya está dado de antemano.*

1   Hace más de quince días que escribiste una carta al servicio de reparaciones de la compañía que te vendió tu ordenador, que todavía está bajo garantía, para que vinieran a verlo porque hace un ruido terrible.

2   Un amigo común que tenía un puesto de trabajo de mucha responsabilidad en un banco, acaba de ser despedido.

3   Trabajas como secretaria particular de un director dentro de una gran multinacional. Hoy tu jefe te ha tratado de un modo muy raro, normalmente es una persona muy agradable.

4   Una fábrica de coches de tu ciudad acaba de anunciar a los medios de comunicación que van a cerrar, y no hace más de una semana su director explicaba que habían tenido un incremento en sus ganancias de un 1,5% en los últimos 9 meses.

5   Hace más de diez minutos que estáis esperando para despegar y el avión sigue en la pista, nadie os da ninguna explicación del por qué.

SI LO HUBIÉRAMOS SABIDO ...

In this unit you will:

- Practise the conditional perfect
- Practise the pluperfect subjunctive
- Practise negotiating
- Talk about cultural differences

SECCIÓN A: INTRODUCCIÓN

E j e r c i c i o   A.1

Escucha el final del programa de radio *Empresas e Industrias* y completa los textos con las palabras que faltan.

...y a continuación, hoy en nuestro programa 'Empresas e Industrias' hablamos de uno de los .... de más relevancia para empresas con aspiraciones ...., ¿cómo debe .... en el extranjero o cuando tenga una visita de un cliente ....?

Dicen los .... que buena parte del .... en las .... comerciales radica en la .... y el conocimiento del .... Con esta frase podrían definirse los .... de los .... de comunicación ....y .... internacionales que .... el Institute for Business Communication (IBC).

Esta firma ha puesto en marcha, por primera vez, una .... de cursos .... a las empresas que tienen .... en el .... o que piensan introducirse en nuevos ...., y también para aquellos .... que tienen que .... con diferentes .... o por motivos de trabajo deben .... a vivir a otro país.

.... estos cursos se pretende reducir el .... cultural que pueden suponer los .... y negociaciones entre personas de .... civilizaciones. Una primera .... negativa puede predisponer a nuestro .... en nuestra .... e incluso .... cualquier posibilidad de negocio. Aspectos tan frecuentes como

la falta de .... en las citas, la .... en el trato o lo
.... de las comidas españolas pueden despertar recelos o
.... para alemanes, japoneses o norteamericanos.

Para la .... de IBC, Mila Hernán, muchos de los ....
españoles se .... con muchas .... cuando salen al
exterior o cuando se negocia en España con personas de otras culturas
.... Afirma que BCI intenta dar a conocer distintos ....
fundamentales, como pueden ser las .... de la negociación
..................., las tácticas a .... dependiendo de qué cultura se trate
y todos aquellos .... que pueden afectar a las actividades
....

Y con esto cerramos el .... de hoy. No olviden que estaremos de
vuelta la semana que viene con más .... sobre los temas de
actualidad para 'Empresas e Industrias'. Hasta entonces, buenas tardes.

E j e r c i c i o   A.2

a   ¿Cuáles de las siguientes características describen mejor a **a** los
españoles y **b** la gente de tu país? Indica tu opinión utilizando la
siguiente puntuación:

	a	b
Emocional		
Arrogante		
Serio		
Amigable		
Seguro de sí mismo		
Lógico		
Generoso		
Tranquilo		
Perezoso		
Atento		
Eficiente		
Impaciente		
Testarudo		
Honrado		
Capaz		
Tolerante		
Trabajador		
Ruidoso		
Frugal		
Envidioso		
Individualista		
Puntal		

1 = nada
2 = rara vez
3 = a veces
4 = a menudo
5 = muy

b ¿Cuáles son las diferencias más marcadas según tú?

c Compara tus resultados con los de un compañero/a. ¿Hay diferencias? ¿Cuáles son?

d Prepara una presentación sobre las principales diferencias y similitudes entre los españoles y la gente de tu nacionalidad.

E j e r c i c i o   A.3

En muchas ocasiones la falta de entendimiento de las culturas donde se hace negocios lleva a grandes fracasos. Escucha la cinta y conecta cada situación con una de las frases a continuación.

1 Si hubieran exigido unas condiciones más estrictas para poder acceder al viaje, no habrían perdido millones de libras.

2 Si hubieran cambiado el nombre, habrían tenido más ventas porque el nombre significa 'no funciona' en español.

3 Si la compañía anunciadora hubiera hecho un estudio de mercado se habría dado cuenta de que en el Oriente Medio se lee de derecha a izquierda.

4 Si hubieran usado el ordenador para escribir el texto, tal vez no habrían cometido el error.

5 Si la compañía hubiera verificado la cantidad de números premiados habría evitado una batalla legal con los consumidores.

E j e r c i c i o   A.4

Escucha la explicación que el gestor Pablo Aranguren, le da a David Salter y luego elige la respuesta adecuada.

1 Un contrato mercantil es el acuerdo entre
  a dos o más partes para constituir una relación protegida por la Ley.
  b dos personas jurídicas, en la que una tiene que realizar una prestación que la otra le exige.
  c varias personas para realizar un intercambio cultural.

2 Para que exista un contrato
  a tienen que estar de acuerdo un mínimo de tres personas.
  b hay que tener tres socios mayores de edad.
  c tienen que darse tres elementos: consentimiento, objeto y causa.

3 El acuerdo entre las partes que intervienen en un contrato, se llama
  a acuerdo.
  b consentimiento.
  c obligación.

4 En un contrato, la cosa vendida, comprada o alquilada, así como su precio, es

    a una cláusula sin importancia.

    b el objeto de dicho contrato.

    c un elemento muy confuso del contrato.

5 La causa es

    a la obligación de cumplir el contrato.

    b la base legal del contrato.

    c el objetivo o fin práctico, que se quiere con el contrato.

6 Si no se cumpliera alguna cláusula del contrato, ese contrato se

    a rompería.

    b cumpliría a medias.

    c olvidaría.

E j e r c i c i o   A.5

Aquí tienes varios sustantivos que han aparecido en el diálogo anterior. Encuentra el verbo relacionado con cada sustantivo.

1	el contrato	**6**	el alquiler
2	el acuerdo	**7**	la transmisión
3	la relación	**8**	la extinción
4	el consentimiento	**9**	la rescisión
5	el uso	**10**	la decisión

E j e r c i c i o   A.6

Escucha la conversación que mantienen Elvira, Jesús y Mario y luego toma el papel de Elvira.

ELVIRA: ...

MARIO: Y pensar que yo dije que sería una vergüenza dejarlos colgados...

ELVIRA: ...

MARIO: Si en vez de esperar a hablar con Carlos hubiéramos hablado con Pedro, como decía yo, habríamos conseguido Estudio 6.

JESÚS: Sí Mario, tienes razón pero, la verdad, ¿quién hubiera pensado que David estaría tan al tanto de lo que estaba pasando en el mundillo de la publicidad, aquí en España?

ELVIRA: ...

MARIO: Si nos hubiéramos informado un poco más sobre David habríamos podido evitar todos estos problemas y ahora no estaríamos lamentándonos.

JOAQUÍN: En todo caso, ya no tienen solución.

ELVIRA: ...

> JESÚS: Firmaremos ese contrato siempre y cuando acepten nuestras condiciones.
>
> ELVIRA: ...

E j e r c i c i o   A.7

Trabajo en parejas

Completad los diálogos según el ejemplo. Alternad los papeles tal y como se indica.

Ejemplo

A Llegué media hora más tarde y no vi al director.

B *Si hubieras llegado antes, le habrías visto.*

1 B Compraron la fotocopiadora ayer pero les costó más cara que cuando la vieron hace un mes.

   A ...

2 A No hablé con el director y ahora tengo un problema tremendo.

   B ...

3 B No le dijeron nada y perdió el tiempo yendo a ver a ese cliente.

   A ...

4 A Perdió el vuelo y como no tenía un billete de clase preferente, tuvo que comprarse otro.

   B ...

5 B Pues como vendí todas mis acciones el martes no obtuve ninguna ganancia con la subida que hubo el viernes.

   A ...

6 A Como no vieron los folletos no alquilaron la mejor.

   B ...

E j e r c i c i o   A.8

Las palabras y expresiones de la columna de la izquierda aparecieron en las conversaciones anteriores, las de la columna de la derecha corresponden a sus sinónimas. Relaciónalas correctamente.

Para ayudarte aquí tienes las frases donde aparecieron:

- Estos términos son difíciles, **incluso** la mayoría de los españoles no los entienden.
- Si no cumpliera alguna cláusula del contrato, **en principio**, sería causa de extinción de dicho contrato.
- Ya sería **el colmo** que también perdiéramos el contrato con el Ministerio del Medio Ambiente.
- La decisión de anular el contrato puede ser porque lo quiera una o **ambas** partes.

- Firmaremos ese contrato **siempre y cuando** acepten nuestras condiciones.
- **A menos que** se den los tres elementos: consentimiento, objeto y causa, no habrá contrato.
- En un alquiler, la causa será el uso de la cosa alquilada, ya sea un piso, o un coche o **lo que sea**.
- Sí deberíamos haber actuado con mayor rapidez. Y **a propósito**, ¿qué pasa con el contrato del Ministerio del Medio Ambiente, se firma o no?

1	incluso	**a**	a no ser que
2	en principio	**b**	cualquier cosa
3	el colmo	**c**	hasta
4	ambas	**d**	por cierto
5	siempre y cuando	**e**	normalmente
6	a menos que	**f**	intolerable
7	lo que sea	**g**	siempre que
8	a propósito	**h**	las dos

E j e r c i c i o   A.9

Trabajo en parejas

Formad frases tomando un elemento de cada recuadro. Seguid el ejemplo.
Alternad vuestros papeles tal y como se indica.

Ejemplo

A Compraremos el nuevo ordenador...

B siempre y cuando nos hagan un descuento.

A Compraremos el nuevo ordenador:... B Emilia habla varios idiomas ... A No aumentaremos la producción ... B Los bancos estan abiertos ... A Yo no contrataría a alguien sin experiencia ... B Seguiré trabajando con usted ... A Bankanor y Bancosur se fusionarán ...	... tuviera un curriculum universitario excelente. ... los sábados. ... swahili. ... nos hagan un descuento. ... los accionistas aprueben el plan. ... se comprometan a comprar el doble de unidades. ... me suba el sueldo.

> incluso
> a menos que
> siempre y cuando

E j e r c i c i o A.10
Lee el siguiente artículo.

El hombre que sueña con volver

Mario Conde llegó a la presidencia del Banco Español de Crédito el 12 de diciembre de 1987, a caballo de la resistencia contra el intento de compra lanzado por el Banco de Bilbao. Seis años y 16 días después, el 28 de diciembre de 1993, era destituido por el Banco de España, junto con todo su Consejo de Administración, por haber creado en Banesto, el cuarto banco privado de este país, uno de los problemas de solvencia más serios de la historia financiera española, con unas necesidades de saneamiento de 605.000 millones de pesetas. Llegó al cénit con 39 años y cayó de él con 45 años cumplidos. Éste es el hombre que ahora mismo está solo y sueña que un día próximo volverá.

El retrato preferido de Conde, ya desde sus comienzos, es el del joven que desafía el establishment socioeconómico, el del hombre que se abre paso en la jungla del asfalto con nervios de acero y pólvora siempre en la recámara. No cabe duda que una parte de esta historia es cierta, pero no lo es menos que consiguió en un tiempo récord una integración sin precedentes que pocos como él han tenido la posibilidad de experimentar. Un joven que sabía comprar y vender fue presentado por la prensa como el prototipo de empresario de la España moderna. Y este hombre, en un abrir y cerrar de ojos, se convirtió en banquero.

Admiración y terror

Como algunos financieros en otros países, Conde irradió admiración y terror. Había ganado una fortuna con la venta de la empresa Antibióticos, en la que poseía una participación, a la multinacional química italiana Montedicson en los años del boom. Y una vez que llegó al Banco Español de Crédito, Mario Conde y su grupo hicieron una cantidad de dinero como nunca nadie había podido hacer en un periodo tan breve de la historia de un país. El dinero saltó a la vista: fincas, yates, casas, aviones. En unos meses, Conde y sus amigos redondearon el estado que a los ricos con tradición les había llevado varias generaciones alcanzar.

Una vez conseguido el poder del dinero, Conde intentó desarrollar la capacidad para influenciar al poder político sin que ello supusiera renunciar a la posibilidad de actuar en el futuro en dicho terreno. La búsqueda de la influencia era también la manera en que Conde intentaba conseguir protección. Porque a pesar de ganar mucho dinero en Banesto (salarios en el banco y en las empresas, participación estatutaria que le correspondía por ser miembro del Consejo de Administración, Corporación Industrial, consejos varios) y con sus inversiones millonarias, ello no era un corolario del empuje de la institución que presidía. Necesitaba protección para consolidar su estabilidad frente de Banesto y para definir su estrategia futura.

Expansión a ultranza

Fue por esa razón que se lanzó la conquista de los medios de comunicación. Éstos le proporcionaban un escudo y al mismo tiempo le permitían negociar a medio y largo plazo, con los Gobiernos.

En toda esta historia hay siempre un paralelismo entre la concepción de la vida de Mario Conde y su actividad como presidente de Banesto. A la ausencia de la más elemental timidez en la exhibición del estatus correspondía una gestión aventurera en el banco: la expansión a ultranza aun cuando la entidad no estaba en condiciones de financiarla.

Durante sus seis años en Banesto, Conde negoció fusiones y pactos. En una de esas negociaciones su interlocutor estudió las posibilidades de algún acuerdo con Banesto, y tras reflexionar llegó a la conclusión de que todo era posible si Conde se marchaba del banco. Esto ocurrió hacia 1991. Y su interlocutor fue...Emilio Botín Ríos, presidente del Banco Santander, la entidad que en la tarde del de abril de 1994 se alzó con el 60% del capital del Banco Español de Crédito, derrotando con una oferta de 762 pesetas por acción al Banco Bilbao Vizcaya y a Argentaria.

a Contesta las preguntas con tus propias palabras.

1 ¿Por qué fue destituido Mario Conde de la presidencia de Banesto?
2 ¿Qué imagen se presenta de Conde en el artículo?
3 Además de dinero, ¿qué más quería alcanzar Mario Conde?
4 ¿Cómo llevó la gestión de Banesto?
5 ¿Finalmente qué banco se hizo con el control de Banesto?

b Explica, con tus propias palabras, el significado de las siguientes expresiones, según como han sido usadas en el texto.

1 a caballo de la resistencia
2 llegó al cenit
3 con ... pólvora siempre en la recámara
4 en un abrir y cerrar de ojos
5 el dinero salta a la vista
6 éstos le proporcionaban un escudo
7 la expansión a ultranza
8 el *establishment* socio-económico

c Escribe, en español, un resumen sobre la historia de Mario Conde.

SECCIÓN B: CONSOLIDACIÓN

EL CONDICIONAL COMPUESTO

El condicional compuesto se forma con el condicional del verbo haber y el participio del verbo que se conjuga.
Lo usamos para expresar que una acción se hubiera realizado si otra no hubiera interferido:

> **Habría llegado** *a tiempo a la reunión, pero se me estropeó el coche.*
> *Lo* **habríamos comprado** *pero no teníamos suficiente dinero.*
> **Habría ido** *a ver al director pero no tuve tiempo.*

E j e r c i c i o   B.1

Elige el verbo adecuado para completar las siguientes frases con la forma correcta del condicional compuesto.

poder	reservar	ir
perder	continuar	llamar

1 .... a la exhibición pero nadie me dijo nada.
2 No sabíamos que tú también ibas a estar en Barcelona, si no .... habitaciones en tu mismo hotel.

3 ¿Por qué no me avisaron que ya estaba arreglado? Ayer estuve cerca de su garaje y lo .... recoger.

4 Te .... pero no tenía tu número de teléfono.

5 Menos mal que llegó Luis, porque si no tú y Fernando .... discutiendo.

6 Afortunadamente lo consultamos con nuestro asesor financiero, que si no .... todo nuestro dinero.

CONDICIONALES IRREALES

Cuando nos referimos a acciones pasadas que no se realizaron, pero que se podrían haber realizado, lo expresamos así:

si + pluscuamperfecto de subjuntivo + condicional compuesto = condicional compuesto + **si** + pluscuamperfecto de subjuntivo

> *si hubiéramos hablado con Pedro habríamos conseguido Estudio 6 =*
> *habríamos conseguido Estudio 6 si hubiéramos hablado con Pedro*

El **pretérito pluscuamperfecto de subjuntivo** se forma con el pretérito imperfecto de subjuntivo del verbo haber y el participio del verbo que se conjuga.

> *Si hubiéramos hablado con Pedro ...*

Las **condicionales irreales** también se pueden expresar así:

si + pluscuamperfecto de subjuntivo + condicional simple = condicional simple + **si** + pluscuamperfecto de subjuntivo

> *Si nos hubiéramos informado mejor, ahora no estaríamos lamentándonos.*

Es decir, no se informaron mejor y ahora se lamentan.

Por lo tanto, usamos el condicional simple, cuando la acción tiene lugar ahora, como consecuencia de esa condición no cumplida.

> *Si no le hubieras gritado al jefe, todavía tendrías tu empleo.*

Pero como le gritaste ahora no tienes trabajo.

Nota: La conjunción **si** y el **pretérito pluscuamperfecto de subjuntivo** son inseparables.

Ejercicio B.2

Transforma las siguientes frases según el ejemplo:

Ejemplo

– Si no sales a las seis de la mañana no llegarás a tiempo para coger el avión de las nueve y media.
Pero saliste más tarde y perdiste el avión.

– *Si hubieras salido a las seis de la mañana no habrías perdido el avión.*

1 Si no cobra la herencia no podrá comprar acciones de Telefónica.
Pero no cobró la herencia y ya se terminó el plazo para comprar las acciones.

2 Si no utilizan materiales de mejor calidad perderán el contrato.
Pero no utilizaron materiales de mejor calidad y perdieron el contrato.

3 Si no nos confirman el presupuesto antes del martes, buscaremos otro proveedor.
Pero no les confirmaron el presupuesto, y ya tienen otro proveedor.

4 Si no eres más puntual perderás tu empleo.
Pero siguió llegando tarde y perdió su trabajo.

5 Si no pago la cuenta del teléfono esta semana me lo van a cortar.
Pero no se preocupó de pagarla y, en efecto, le cortaron el teléfono.

6 Si no veo a Juan hoy, no podré avisarle sobre la reunión de mañana.
Pero no lo viste y no pudiste avisarle.

E j e r c i c i o   *B.3*

Completa los diálogos según el ejemplo.

Ejemplo
No fui a la reunión y ahora no estoy informado
Si hubieras ido a la reunión ahora estarías informado.

1 No hicimos el curso de informática y ahora nos arrepentimos.
2 Me compré unos muebles de oficina muy caros y no me queda más dinero.
3 No consiguió la silla ergonómica y ahora le duele la espalda.
4 No contrataron gente de la oficina del INEM y están pagando muchísimos impuestos.

OTROS USOS DEL SUBJUNTIVO

Cuando queremos que otra persona decida sobre algo que nos pregunta, y si en su pregunta:

1 No propone nada, y está introducida por palabras interrogativas (**dónde**, **cómo**, **cuándo**, etc.) respondemos repitiendo la misma palabra interrogativa, seguida por uno de los siguientes verbos, en subjuntivo: **querer**, **apetecer**, **preferir**.

  – **¿Por dónde** quiere que empecemos?
  – Me da igual. **Por donde quiera**.

  – ¿Cómo lo escribo?
  – **Como prefieras**.

2 Se dan una o varias alternativas, en la respuesta se puede decir: **Como quiera/s**

  – ¿Empezamos por los contratos?
  – **Como quiera**.

- ¿Empezamos por los contratos o por los tipos de fusión?
- **Como quiera**.

- ¿Compramos acciones de Telefónica o de Gas?
- Pues, no sé. **Como tú quieras**.

3 Implica que tenemos que elegir entre varios objetos, respondemos con: **el/la/los/las que (usted/tú) quiera/s**.

- ¿Qué ordenador compramos?
- No sé. **El que** quieras.

- ¿Qué impresora nos llevamos?
- **La que** tú prefieras.

- ¿Qué acciones vendemos?
- **Las que** quieras.

4 No se da ninguna sugerencia o nos pide que elijamos entre varios objetos de diferente género o sobre una acción, respondemos: **lo que (Vd./tú) quiera/s**.

- ¿Qué le decimos?
- **Lo que** tú quieras.

- ¿Qué le regalamos?
- Me da igual. **Lo que** te apetezca.

Ejercicio B.4

Completa los siguientes diálogos, según el ejemplo.

Ejemplo

¿Cómo vamos, en taxi o en mi coche?

No sé, como prefieras.

o

Como te apetezca.

1 ¿Cuál de los dos teléfonos portátiles me compro, el Yokia 101 ó el Sonny KM 111?
2 ¿Cuándo convocamos la reunión, el martes o el jueves?
3 ¿Viene usted a mi oficina o voy yo a la suya?
4 ¿A dónde lo llevamos primero, al departamento de marketing o al de diseño?
5 ¿Cuándo vamos a ir a hablar con el representante sindical?
6 ¿Dónde pongo la correspondencia?
7 ¿Y usted qué quiere hacer?
8 ¿Qué prefieres, la mesa de dos cajones o las de tres?
9 ¿Por dónde quiere que empiece, por esta oficina o por la otra?
10 ¿A quién quiere que le de este diseño, a Raúl o a Paula?

ALGUNAS EXPRESIONES PARA ARGUMENTAR

- Introducir una explicación
  Mire usted   necesito que me aclare algunos términos legales.
  Verá   nosotros queríamos que nos aumentara el sueldo.

- Introducir una información o pregunta
  Por cierto,   ¿qué pasa con el contrato con el Ministerio?
  A propósito,   llámeles esta tarde.

- Enumerar, clasificar
  En $\left\{ \begin{array}{l} \textbf{primer} \\ \textbf{segundo} \end{array} \right\}$ **lugar**   tiene que saber qué es un contrato comercial.
  deberíamos haber investigado más.
  Por un lado,   su actitud parecía muy honesta   **y**
     por otro,   quién se iba a imaginar que tendrían el mismo gestor.

- Ampliar
  Incluso   para la mayoría no son términos corrientes.
  Además   nosotros también estuvimos pensando en hacer lo mismo.
  Es más

- Expresar causa
  Ya que
  Porque   invertir en la bolsa es muy arriesgado,
  Como   invertiré en Bonos del Estado.
  Puesto que

- Expresar acuerdo
  Sí
  De acuerdo
  Bueno
  Desde luego
  Por supuesto
  Claro
  Claro que sí

- Desacuerdo parcial
  Sí   **pero**
  De acuerdo   **pero por otro lado**
  Bueno   **pero sin embargo**   deberíamos haber
  Desde luego   +   **pero lo que yo creo es que** + actuado con mayor
  Por supuesto   **pero a mi me parece que**   rapidez.
  Claro   **pero es que**
  Claro que sí   **sin embargo**

- Desacuerdo
  No estoy de acuerdo.
  Se equivoca usted por completo.
  Eso no es así.
  Lo siento, pero no comparto tu opinión.

- Para terminar
  Finalmente
  Y ya para terminar +
  Por último

pongamos toda nuestra energía para que la fusión sea un éxito.

E j e r c i c i o   B.5

Organiza la siguiente discusión lógicamente.

1 Se equivoca por completo, ya que se puede instalar un sistema que sirva para dar calor en invierno y frío en verano.

2 Además muchos vivimos bastante lejos y volver a casa al mediodía, no nos compensa, puesto que nos pasaríamos todo el tiempo viajando.

3 No estoy de acuerdo con eso, sería un gasto enorme y sólo para usarlo durante tres meses.

4 Siempre y cuando se presente un estudio de los pros y los contras, para que todos los podamos estudiar con detenimiento y así votar con conocimiento.

5 Veréis, nosotros queríamos que se introdujera la jornada intensiva...

6 Sí, todo eso está muy bien, sin embargo a mí me parece que trabajar ocho horas seguidas resultaría agotador y, por lo tanto, poco efectivo.

7 Ya que muchos tenemos niños en edad escolar, que llegan a casa a las cuatro o cinco y así podríamos atenderles.

8 Es más, en verano desde la una hasta las cuatro hace demasiado calor para trabajar.

9 Bueno, yo creo que lo mejor, y ya para terminar, es que convoquemos una reunión general y votemos.

10 De acuerdo, pero siempre se puede instalar un sistema de aire acondicionado y ya está resuelto el problema del calor.

11 A propósito, hace unos tres años cuando yo trabajaba en Ibertisa, recuerdo que hicimos horario corrido durante el mes de agosto y, excepto por el calor, todo fue muy bien.

12 Así que o nos quedamos tres horas más en la oficina o gastando dinero en una cafetería.

E j e r c i c i o   B.6

Completa las siguientes frases con la forma y el tiempo correctos del verbo entre paréntesis.

1 Si .... las dos compañías, su poder sería extraordinario. (fusionarse)

2 Cuando me despidieron de Marcatur me .... diez millones de pesetas como compensación. (dar)

3 Normalmente es la señorita Blasco la que .... de todo lo relacionado con las ventas. (encargarse)

4 A partir del próximo mes de junio los supermercados .... una hora antes y .... una hora más tarde. (abrir/cerrar)

5 Gabriela acaba de .... un curso de marketing por correspondencia. (empezar)

6 Yo creo que es importante que la campaña publicitaria .... resonancia internacional. (tener)

7 Dijeron que si no firmábamos hoy, probablemente .... el contrato. (perder)

8 Espero que Luis .... el cheque a tiempo. (haber/recibir)

9 Yo creo que es mejor que tú se lo .... (decir)

10 Antes .... a la oficina en coche pero ahora .... caminando. (ir)

SECCIÓN C: COMUNICACIÓN

E j e r c i c i o   C.1

Trabajo en parejas

Hay algunos consejos que se pueden seguir para ser un hábil negociador.
La persona A debe dictar los consejos de esta página a la persona B. La persona B dictará los consejos en la página 208 a la persona A.
Cada persona debe escribir los consejos dictados. Los consejos se dictarán en turnos alternos.
Finalmente, dale a tu compañero a/las frases que tú has escrito para que compruebe que están bien. Él o ella te dará las frases que ha escrito para que, también tú, compruebes que coincide con lo que le dictaste.

Persona A

- No se debe revelar nunca la propia posición hasta concocer la del otro.
- Para ser eficaz se debe ir lentamente hasta conocer los posibles puntos en común.
- Nunca se debe decir **no**.
- Nunca se debe utilizar **pero** porque tiene connotaciones peyorativas. Se debe utilizar **no obstante** o **sin embargo**.
- Es importante tener en cuenta la expresión no verbal. El 70% de la información durante una comunicación se consigue a través del lenguaje no verbal.
- No mostrar reacciones ante lo que el otro nos dice.
- Si tu contrario te mira a los ojos te está contando la verdad.
- No se debe golpear la mesa con los dedos o nudillos ya que es un signo de tensión.
- Si tu contrario está tratando de recordar algo mira hacia arriba.
- Todas las concesiones deben ser vendidas a precios de oro.

Ejercicio C.2

Trabajo en parejas

Leed las instrucciones para cada papel, A o B según os corresponda, e improvisad un diálogo. Se trata de convencer al/a la contrario/a de lo que tú quieres.

Persona A	**Persona B**
1 Eres el/la representante sindical de una compañía y quieres obtener un aumento salarial del 7%.	Eres el/la director/a, y a lo máximo que estás dispuesto/a a llegar es a un incremento del 4%, más un acuerdo sobre la productividad.
2 Eres el/la jefe de ventas de una empresa que fabrica lavadoras, para aumentar las ventas quieres organizar una promoción. La promoción consiste en un sorteo en el cual la persona que tenga el número premiado ganará 100.000 ptas. mensuales durante un año.	Eres el/la director/a de la empresa y no estás muy convencido/a, debido a la mala reputación que tienen en la actualidad las promociones de ese tipo. Por ejemplo el caso de Hoover o el de Pepsi.
3 Eres el/la nuevo/a director/a de personal de una compañía editorial que quiere imponer un horario fijo para todas las personas que trabajan en la editorial. Piensas que se pierden muchas horas con el sistema de horario flexible que existe en la actualidad.	Eres el/la representante de los empleados y estáis en contra, ya que siempre habéis trabajado con horario flexible y todo ha ido bien. Pensáis que es una forma de deciros que no tienen confianza en vosotros. Además estáis preocupados por posibles penalizaciones en caso de llegar tarde.

Ejercicio C.3

Trabajo en grupos

Ahora que los empleados de Estudio 6 van a formar parte de la compañía de David Salter, algunos van a tener que hablar inglés. En tres grupos, A, B y C, negocia sobre las clases utilizando las indicaciones para cada grupo. Los del Grupo C encontrarán su posición negociadora en la página 209.

Grupo A

Representáis a los directivos de la empresa. Queréis que los empleados de rango medio y medio alto y las secretarias tengan clases de inglés obligatoriamente. Estáis dispuestos a pagar a un profesor particular, pero queréis que las clases sean fuera de las horas de trabajo. Creéis que seis meses de clases, con tres horas a la semana, serán suficientes para que después cada empleado organice y pague sus propias clases. Como incentivo estáis dispuestos a ofrecer a los dos mejores alumnos un viaje a Inglaterra, para trabajar durante un mes en Manchester con DSD. Para los otros empleados no queréis pagar clases de inglés, ya que no van a tener mucho contacto con gente de Inglaterra o con correspondencia en inglés. Si notáis que se van a sentir discriminados, estaríais dispuestos a ofrecer una subvención, para los que quieran ir a clases en una academia privada, de un 25% del coste del curso, pero sólo pagaríais por un curso básico.

Grupo B

Representáis a los ejecutivos medios y medio altos. En general estáis a favor de las clases de inglés, pero con ciertas condiciones. Habéis hablado con un profesor en una academia y él recomienda que tengáis, por lo menos, un año de clases. Además advirtió que era probable que tuvieran que tener más de un curso, ya que habría gente con diferentes niveles de conocimiento. Recomendo una clase de principiantes y otra de nivel intermedio. Ya que es la empresa la que va a beneficiarse de las clases a la larga, con mejores niveles de productividad, no queréis pagar. Además creéis que las clases deben ser durante las horas de trabajo. Habéis oído que existe la posibilidad de que la empresa ofrezca una estancia en Inglaterra como incentivo, pero muchos no están a favor de la idea porque no quieren estar lejos de sus familias.

E j e r c i c i o C.4

Trabajo en grupo

Proyecto: Un descapotable

Trabajad en grupos de 5 personas. Trabajáis en una empresa que fabrica coches y se ha desarrollado un plan para fabricar un coche descapotable. Leed la Introducción, la Agenda para la Junta General, donde desarrollaréis vuestras estrategias y los papeles que tomaréis cada uno/a.

Presentes en la Junta General

Persona 1: Director/a general
Persona 2: Director/a del Departmento de Investigación y Desarrollo
Persona 3: Director/a del Departamento de Ventas
Persona 4: Director/a del Departamento de Marketing
Persona 5: Director/a de Producción

Agenda

1 Asunto: Se entra en la fase de producción o no.
2 Mercado potencial y precio.
3 Competencia con la existente gama de coches deportivos.
4 Programa de producción.
5 Asuntos varios.

Introducción

El lanzamiento de un nuevo modelo es muy importante para la marca fabricante cuando ésta lo pone en el mercado del país de que se trate. Es un proceso complicado en el que no siempre se piensa, en la creencia de que basta con la propia calidad del coche que se lanza para que éste consiga alcanzar el objetivo de ventas que se persigue. Es un auténtico error.

Primero, porque el lanzamiento de un determinado modelo no es más que el último paso de un proceso tan largo como complicado. Entre tres y cinco años antes, los diseñadores del vehículo, a los que se encarga el proyecto, comienzan a poner el lápiz sobre el papel con los primeros dibujos. Antes, obviamente, el fabricante habrá presentado una serie de condiciones de cuya amplitud depende la libertad de imaginación de los autores del posterior diseño. A mayor cantidad de condiciones, menos libertad. Y viceversa.

Los diseñadores, entonces, tienen que prever cuáles serán las condiciones generales que afectan a las diferentes sociedades donde, previsiblemente, se venderá el coche cinco años después. Tienen que hacer de adivinos. Tienen que imaginar cuáles serán los gustos que imperen.

A partir de ese momento empieza una labor intensa y secreta en la que, al final, en muchísimas ocasiones se producen algunas imprevisiones. Estas imprevisiones y algunos fallos de orientación, a veces, provocan daños importantes en la imagen del coche.

Director/a General
Escucha las propuestas, hace preguntas y toma la decisión final. En principio, no está ni a favor ni en contra. Es un papel mediador y canalizador de ideas.

Director/a del Departamento de Investigación y Desarrollo
Propone a la compañía la idea de lanzar un coche descapotable. Está muy orgulloso/a de su proyecto. Ha empleado muchas horas de trabajo en desarrollarlo y cree que es el momento adecuado para que la compañía lance esta nueva gama.

Director/a del Departamento de Ventas

No está de acuerdo con la propuesta; están vendiendo bien el modelo GTi y teme que el descapotable vaya a restar ventas a este modelo, del cual tienen existencias bastante amplias. A parte de eso, piensa que hay muchos modelos descapotables en el mercado y, por otro lado, la compañía es conocida como fabricante de coches familiares y grandes.

Director/a del Departamento de Marketing

Ha hecho un estudio y piensa que es favorable. La gente que compra esos coches tiene un alto poder adquisitivo. Esta clase social está dispuesta a pagar hasta 6 millones de pesetas por un descapotable. Sin embargo, el mercado es pequeño, pero si se baja el precio hasta 4 millones el mercado se ampliaría considerablemente.

Director/a del Departamento de Producción

Se encuentra dudoso/a. Su principal interés es la eficacia. Está preocupado/a porque el sistema de apertura y cierre de la capota es complicado y además ruidoso. Por otro lado, piensa que no habrá una línea de producción libre en la fábrica hasta dentro de 6 meses, lo cual supone que los primeros descapotables saldrían en pleno invierno.

E j e r c i c i o   C.5

a Trabajo en parejas

Es evidente que la relación entre el individuo y la empresa no es siempre de cooperación. La motivación de las personas en el trabajo es una pieza clave en las organizaciones. La teoría X identifica supuestos sobre el comportamiento de las personas: que son pesimistas, estáticas y rígidas y sólo trabajan porque tienen que hacerlo. La teoría Y propone un supuesto contrario: que la gente es dinámica, optimista y flexible y el trabajo es parte natural de la vida.

Cada persona debe leer a la otra las características que tiene. Cuando tengáis todas las características debéis tratar de decidir si corresponden a la teoría X o a la teoría Y.

Una persona leerá las características en esta página y la otra leerá las características en la página 209.

Persona A

- Los seres humanos tienen una aversión innata al trabajo.
- Los seres humanos aprenden no sólo a aceptar sino a buscar responsabilidades.
- Los seres humanos deben ser presionados, amenazados y controlados para que realicen el esfuerzo que la empresa exige.
- La inversión de esfuerzo físico y mental en el trabajo es tan natural como el descanso y el juego.
- Los seres humanos prefieren que los dirijan.

● El conflicto es innato en los seres humanos.

b Debate
Finalmente, una persona debe defender la teoría X y la otra la teoría Y en un debate.

E j e r c i c i o   C.6
a En este artículo sobre las costumbres españolas faltan las cifras.
Complétalo basándote en los datos de los gráficos.

ESPAÑOLES
TAL COMO SOMO

A LA CAMA %

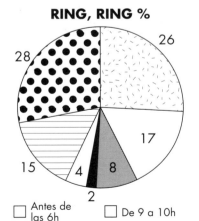

11 5
22
32
39

■ Antes de las 20h
☐ De 20 a 21h
☐ De 21 a 22h
▦ De 22 a 23h
☐ De 23 a 24h
❖ Después de las 24h

Hora media de ir a dormir 23,56

RING, RING %

28 26
15 17
4 8 2

☐ Antes de las 6h
☐ De 6 a 7h
◉ De 7 a 8h
◹ De 8 a 9h
☐ De 9 a 10h
▨ De 10 a 12h
■ Después de las 12h

Hora media de despertar 8,19

ZZZ... %

22 13
9
5
8
24 19

☐ Menos de 6h
☐ De 6 a 7h
☐ De 7 a 8h
◹ De 8 a 9h
▨ De 9 a 10h
▨ De 10 a 11h
■ Más de 11h

Media de horas que se duerme 8,18

Las estadísticas afirman que en España se duerme más de lo que se cree, se va poco al cine, se acuesta tarde y se juega a todo lo habido y por haber. Los mitos del carácter hispano en cifras

¿Qué es eso de ser español? ¿Un accidente geográfico? ¿Lo que dice el DNI? ¿Un orgullo? ¿Un título? ¿Una desgracia? Fuera de las fronteras de España ser español es, en primer lugar, un carácter. El español, para los europeos, se dibuja a golpe de tópicos, de los toros a la tortilla de patatas, del pueblo orgulloso al flamenco. Pero, ¿qué autorretrato hacen los españoles de sí mismos? Dos encuestas de reciente publicación – del Centro de Investigaciones sobre la Realidad Social (CIRES) y el Estudio General de Medios (EGM) – muestran las costumbres y preferencias de los españoles.

Casi las tres cuartas partes de los españoles se acuestan después de las

192

.... de la noche, pero es que el .... por ciento lo hacen pasada la medianoche. A esas horas, en media Europa, no están de pie ni las farolas. Y tan sólo .... de cada cien españoles que se crucen en su vida tendrá la idea de meterse en la cama antes de la 8 de la tarde. La hora de despertarse tampoco es como para entrar en el libro de los récords madrugadores. El .... por ciento se decide a vérselas con el mundo entre las 7 y las 9 de la mañana. Un 8 por ciento se levanta a partir de las .... y un .... por ciento tiene el valor de confesar que no deja la cama hasta pasado el mediodía. Con tales datos no tiene nada de raro que el promedio de horas dormidas por los españoles sea de .... horas y .... minutos. Claro que siempre quedan los trágicos casos de quienes se levantan antes de las 6 de la mañana (el .... por ciento) y de quienes duermen menos de .... horas diarias (el 5 por ciento).

En lo que se refiere al dinero, los españoles sueñan con hacerse ricos. Aunque un .... por ciento se empeñan

TANTO TIENES... %	
Cartilla de ahorro	82,7
Cuenta corriente	36,5
Tarjeta cajero	31,0
Tarjeta de crédito	17,3
Tarjeta gran almacén	13,6
Seguro de vida	12,1
Seguro privado de enfermedad	8,4
Préstamo hipotecario	5,8
Préstamo personal	5,4
Plan/fondo de pensiones	3,5
Acciones/bonos	3,0
Ninguno	8,1

LA DESPENSA %	
Leche Líquida envasada	90,3
Aceite de oliva	88,0
Jamón de York	83,3
Latas atún/bonito	81,9
Queso	79,4
Galletas	79,1
Yogur	77,9
Caldos	66,0
Infusiones	64,2
Tomate frito	61,6
Latas sardinas/otros pescados	59,5
Café envasado molido	59,4
Cacao soluble	55,8
Margarina vegetal	54,6
Aceite de girasol	52,4
Pan de molde	51,5
Café soluble	50,7

A JUGÁRSELA %
(en los últimos treinta días)

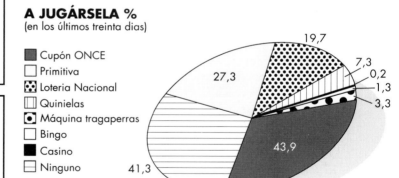

- Cupón ONCE
- Primitiva
- Lotería Nacional
- Quinielas
- Máquina tragaperras
- Bingo
- Casino
- Ninguno

19,7 — 7,3 — 0,2 — 1,3 — 3,3 — 27,3 — 41,3 — 43,9

VAMOS AL CINE %

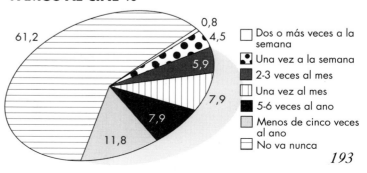

0,8 — 4,5 — 61,2 — 5,9 — 7,9 — 7,9 — 11,8

- Dos o más veces a la semana
- Una vez a la semana
- 2-3 veces al mes
- Una vez al mes
- 5-6 veces al año
- Menos de cinco veces al año
- No va nunca

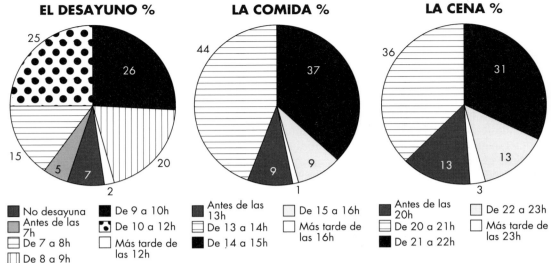

EL DESAYUNO %

25 · 26 · 15 · 5 · 7 · 2 · 20

- ■ No desayuna
- ▨ Antes de las 7h
- ▤ De 7 a 8h
- ▥ De 8 a 9h
- ■ De 9 a 10h
- ⦿ De 10 a 12h
- □ Más tarde de las 12h

Hora media de desayuno 8,25

LA COMIDA %

44 · 37 · 9 · 9 · 1

- ■ Antes de las 13h
- ▤ De 13 a 14h
- ■ De 14 a 15h
- □ De 15 a 16h
- □ Más tarde de las 16h

Hora media de la comida 14,02

LA CENA %

36 · 31 · 13 · 13 · 3

- ■ Antes de las 20h
- ▤ De 20 a 21h
- ■ De 21 a 22h
- □ De 22 a 23h
- □ Más tarde de las 23h

Hora media de la cena 21,46
Resto hasta cien no cenan

vanamente en juntar unas pesetas en sus cartillas de ahorro, hay un .... por ciento que tiene tarjetas de crédito y de grandes almacenes, que revela claramente que el destino de buena parte del dinero es pasar rápidamente por la cartilla rumbo a la caja registradora del comercio de turno. Para compensar el .... por ciento juega a algo. Casi el .... por ciento de los españoles acude a la Organización Nacional de Ciegos Españoles para ver si tienen suerte. El .... deposita

su fe en la clásica Lotería Nacional, y sólo un .... por ciento apuesta por las quinielas.

Más allá del dinero, ¿qué otros deseos mueven a los españoles? Uno de ellos es el comer, aunque la abundancia de latas de conservas haga sospechar lo peor respecto a las artes culinarias. Aquí las costumbres vuelven a ser realmente hispanas. Un .... por ciento no se levanta con humor para echarse nada al estómago. Un 25 por ciento lo hace entre las .... y las

.... de la mañana y hay un .... por ciento que desayuna cuando en Francia se almuerza, a partir de las 12. A la hora de comer la gran mayoría de los españoles, el 81 por ciento, disfruta de la comida entre la .... y las .... La sorpresa viene a la hora de la cena. El .... por ciento dice que cena entre las 8 y 10 de la noche. De todos modos un .... por ciento mantiene las buenas costumbres y sigue moviendo las mandíbulas hasta la medianoche.

b Ahora, en grupos haced una encuesta en vuestra clase, entre vuestros compañeros/as, entre vuestros padres y familiares o otro grupo, como por ejemplo, entre vuestros profesores.

Preguntad:

a La hora de levantarse, acostarse y cuántas horas duermen.
b Cuándo desayunan, comen y cenan.
c Qué tienen en la nevera y despensa.
d Qué hacen en su tiempo libre.
e Cómo ahorran su dinero y qué tipo de tarjetas y seguros tienen.

NOTAS PARA TRABAJO EN PAREJAS Y GRUPOS

Ejercicio **C.4**

Trabajo en parejas

1 Escucha la descripción de la organización de la empresa de la persona A y completa el organigrama según su descripción.

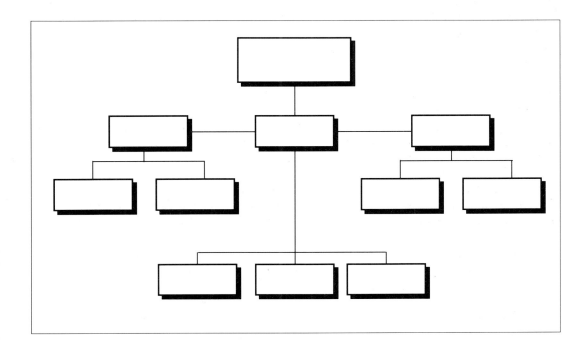

2 Aquí tienes el organigrama de tu empresa. Describe la organización a la persona A. La persona A debe rellenar el organigrama según tu descripción.

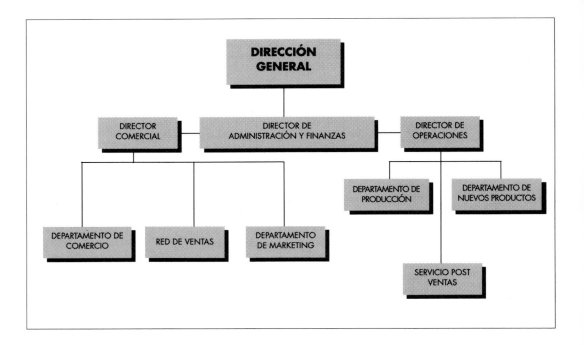

UNIDAD 2

E j e r c i c i o   C.3

Trabajo en parejas

Primero la persona A te va a leer su texto. Escucha y completa la tabla con la información que te da. Después lee el siguiente texto a la persona A y completa la tabla según la información en el texto.

COMUNICACIONES Y AUTOMOVILES					
Datos estimados 1990 por cada mil habitantes	LINEAS DE TELEFONO	APARATOS DE TV	APARATOS DE RADIO	LIBROS AL AÑO	COCHES
CIN					
CE					
EE UU					
JAPON					

En el número de líneas de teléfono, aparatos de radio y televisión o coches, las diferencias son muy grandes. EE UU tiene más teléfonos y la CIN menos. Japón tiene cuatrocientas treinta y dos líneas por cada mil habitantes y la CE tiene treinta menos, con cuatrocientas dos.

En el número de libros publicados por cada mil habitantes, Japón y la CIN son los últimos. La zona que tiene más libros publicados por cada mil habitantes es la CE con 0,80. Estados Unidos tiene menos con 0,34.

EE UU y Japón tienen más aparatos de radio por cada mil habitantes que, la CE tiene setecientos sesenta, la CIN sólo tiene trescientos treinta y tres.

EE UU tiene más aparatos de televisión que las otras zonas, ochocientos catorce por cada mil habitantes. En segundo lugar está Japón con seiscientos diez y después la CE y la CIN.

La CIN también tiene menos coches por cada mil habitantes que las otras zonas. Aquí sólo ciento dos personas de cada mil tiene un coche. En Japón la cifra es más alta. Allí doscientas cincuenta personas de cada mil tiene un coche, mucho menos que en la CE o en EE UU.

UNIDAD 3

Ejercicio C.4

Trabajo en parejas

Persona B

1   Tu compañero/a te va a leer la primera parte del texto basado en el artículo 'La Jornada Ideal'. Faltan las cifras. Debes proporcionarle las cantidades de la siguiente lista. Si necesitas ayuda mira el ejercicio C.5 de la Unidad 2. Todas las cifras están en pesetas.

10.020	*80*	*1.310*
44	*420*	*8.780*

2   Lee el siguiente texto a tu compañero/a quien te dará las cifras que faltan.

Llega la hora del almuerzo, y hay que agasajar a tres posibles clientes en un restaurante de categoría. Regreso a Dublín, donde la cuenta ascenderá a .... pesetas, frente a las .... pesetas de un local similar en Ginebra. Para acabar se puede rematar con un humeante café capuchino en Milán, a .... pesetas por cabeza. Para acompañar a los invitados al aeropuerto, la opción más barata es la de Barcelona, donde el taxi cobrará .... pesetas. La sobremesa se presenta más tranquila: algunas llamadas locales de 3 minutos que, en la tarifa más cara, sólo cuestan .... pesetas desde Ginebra y Oslo; y la lectura del periódico *International Herald Tribune* adquirido en Londres por .... pesetas. Acaba la jornada, y el ejecutivo viajero regresa a su hotel con vistas a la Scala de Milán. En el centro financiero italiano, la habitación sencilla en un establecimiento de categoría cuesta .... pesetas, la más barata en el menú europeo. En Bruselas y Londres, se acerca a las .... pesetas.

UNIDAD 4

E j e r c i c i o C.1

Una persona debe usar los diarios en la página 74 para hacer y responder preguntas. La otra persona debe usar la información en esta página.

LUNES (MONDAY) AM	PM	
24		
MARTES (TUESDAY) AM	PM	
25		
MIÉRCOLES (WEDNESDAY) AM	PM	
26		
JUEVES (THURSDAY) AM	PM	
27		
VIERNES (FRIDAY) AM	PM	
28		
SÁBADO (SATURDAY) AM	PM	
29		
DOMINGO (SUNDAY) AM	PM	
30		

AM	PM	**LUNES (MONDAY)**
Aprender como funciona el nuevo programa de contabilidad en el ordenador.		**01**
AM	PM	**MARTES (TUESDAY)**
Escribir bases para el proyecto	Encontrarse con Paco	**02**
AM	PM	**MIÉRCOLES (WEDNESDAY)**
Organizar visita a Salamanca	Discutir crédito con el banco	**03**
AM	PM	**JUEVES (THURSDAY)**
Presentar campaña para 'Tintero'		**04**
AM	PM	**VIERNES (FRIDAY)**
Mirar campaña de publicidad para el champú	Entregar documentación al notario	**05**
AM	PM	**SÁBADO (SATURDAY)**
Ir de compras	Asistir al estreno de 'Hombres histéricos'	**06**
AM	PM	**DOMINGO (SUNDAY)**
		07

E j e r c i c i o C.7

b Trabajo en parejas

1 Escucha la descripción que te da tu compañero/a sobre las ganacias de una compañía a lo largo de un año y completa el siguiente gráfico.

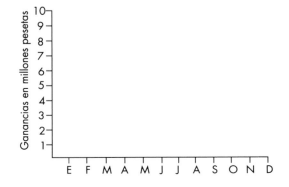

2 El gráfico muestra el índice de inflacción en el país durante un año.
Descríbeselo a la persona A.
Da alguna razón para explicar los cambios.
Recuerda que puedes utilizar las palabras que están en los
recuadros al principio del ejercicio.

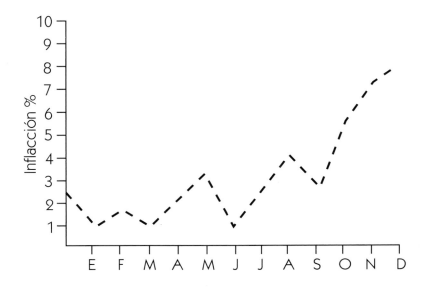

E j e r c i c i o   C.4

Trabajo en parejas

Persona B

La persona A te leerá los acontecimientos de la empresa Persán que están
en la columna **Antes**. Tienes que anotar lo que te dice y responder con la
respuesta que corresponde a cada acontecimiento de la columna **Después**.
¡Ojo! los acontecimientos de la columna **Después** están mezclados.
Después tienes que leer los acontecimientos que tienes en la columna
Antes a la persona A y anotar como responde a cada uno.

PERSAN LIMPIA SUS CUENTAS

Persán, uno de los pocos fabricantes de detergentes con capital español, ha decidido seguir siendo independiente y plantar cara a las multinacionales. La reestructuración de la empresa ya está dando los primeros frutos, aunque los resultados todavía son inciertos.

ANTES

-
-
-
-
-
- La compañía tenía una gama de prouctos anticuada y en los últimos ocho años, a exceptión del jabón en pastillas Puntomatic, no había lanzado ningún nuevo producto.
- El laboratorio de I+D estaba infrautilizado.
- Las exportaciones ascendían a 300 millones de pesetas, sólo un 4 por ciento del volumen total del negocio. Portugal era el único destino.
- Persán facturó 10.200 millones de pesetas.

DESPUES

- El mercado nacional se ha dividio en ocho areas. Cada una de ellas cuenta con un gerente responsable de la cuenta de explotacíon y la cuota de mercado.
- Por primera vez, han entrado en el consejo de administracíon professionales que no son accionistas.
- La plantilla se ha reducido a 380 personas.
- En 1992, Jaime Llopis despidío a seis de los 18 accionistas que trabajaban en Persán
- El área comercial cuenta ahora con 70 personas y 10 delegaciones.
-
-
-
-

Ahora escribe, en forma narrativa, la situación de la empresa Persán Después, usando las conexiones adecuadas tales como; **hoy en día**, **ahora**, **en la actualidad**, etc. Luego, cuéntaselo a un/a compañero/a.

UNIDAD 6

Ejercicio A.5

Trabajo en parejas

Aquí tienes algunas características típicas que se pueden encontrar en una organización inglesa. Escucha y anota las descripciones que te da tu compañero/a, de las características de una organización española, y busca en tu lista las que se correponden con las inglesas para contestarle.

- Sentido de responsabilidad.
- Se cree en el control interno individual.
- Relaciones jerárquicas basadas en la negociación y aceptación de ideas ajenas.
- Énfasis en la 'familia nuclear'.

- Se comprende y acepta fácilmente la idea de planificar la vida y la carrera.
- Objetivos individuales antes que nada.
- Pequeña diferencia entre lo que se habla y lo que realmente se practica.
- Poca emotividad, racionalidad, tolerancia, tranquilidad, calma.

Ejercicio C.1

Persona B

Te llamas Aurora Sánchez. Tienes 27 años y estás casada. No tienes hijos. Estás licenciada en Sociología por la Universidad Complutense de Madrid. Trabajas en una compañía de investigación de mercados, desarrollando y analizando encuestas y cuestionarios para otras empresas. En el trabajo utilizas ordenadores. El trabajo te aburre y quieres cambiar. Hiciste un curso de inglés mientras estudiabas, y has estado en Inglaterra dos veces. Tienes unos conocimientos básicos del francés.

Ejercicio C.3

Persona B

Escucha lo que dice la persona A y responde en castellano utilizando las siguientes frases.

A: ...
B: *Say you have brought the new contracts to sign.*
A: ...
B: *Ask where he/she wants you to put them.*
A: ...
B: *Ask if that is everything.*
A: ...
B: *Ask what he/she wants you to say to Julia.*
A: ...
B: *Agree and say that it is possible that Julia is busy at 4 o'clock.*
A: ...
B: *Say you'll tell her. Ask when he/she prefers that you buy the stamps.*
A: ...
B: *Agree and say that you are going now.*
A: ...

UNIDAD 7

Ejercicio A.2

Trabajo en parejas

Aquí tienes algunas preguntas y respuestas, parte de una conversación pero, excepto la primera, no están en orden. Léeselas a tu compañero/a y anota la respuestas y preguntas que él o ella te da. Organiza la conversación lógicamente.

A: ...

B: ¿Por qué no inviertes en Fondos del Tesoro Público, además de tener la garantía del Estado pagarás menos impuestos.

A: ...

B: Muy bien, pues analízalos sola que yo tengo una reunión en cinco minutos.

A: ...

B: Bueno no hablemos más, invierte en la Bolsa. Ganarás mucho y en muy poco tiempo.

A: ...

B: Sinceramente ya no se qué decirte que te convenga. Todo lo ves mal.

A: ...

B: La que tenemos en el departamento de finanzas, sobre 'Ahorro, inversión y riesgo.'

A: ...

B: Sí, tienes que mantener un saldo medio, pero cada mes hay sorteos y puede que ganes un piso, o un coche, o unas vacaciones impresionantes.

A: ...

B: En ese caso te aconsejo una Cuenta de Ahorro. Como tienes una tarjeta para el cajero automático dispones de efectivo al momento.

Ejercicio C.1

Trabajo en parejas

Mira la tabla de las condiciones para obtener las principales tarjetas de crédito en España. Escucha lo que dice tu compañero/a y recomiéndale la tarjeta que le conviene según lo que te dice.

1 Te recomiendo que solicites la tarjeta ....

2 No quiero pagar una cuota anual superior a las 10.000 pesetas y no quiero pagar una cuota de inscripción. Quiero tener la posibilidad de gastar a crédito hasta un millón de pesetas al mes. Además no quiero límite en la cantidad que puedo sacar en efectivo.

3 Te recomiendo que solicites la tarjeta ....

CARACTERÍSTICAS	VISA CLÁSICA/ EUROCARD / MASTERCARD	VISA ORO	DINERS CLUB	AMERICAN EXPRESS	AMERICAN EXPRESS ORO
...ota anual	De 1.600 a 2.000 ptas.	8.000 ptas.	9.500 ptas.	8.000 ptas.	16.000 ptas.
...ota de inscripción	Ninguna	Ninguna	4.500 ptas.	Ninguna	Ninguna
...otas suplementarias	De 300 a 500 ptas.	De 300 a 500 ptas.	13.300 ptas. cuota familiar [2]	4.500 ptas. cada tarjeta	9.600 ptas. la suplementaria
...quisitos para la ...cesión	Solvencia y responsabilidad	Más estrito que en la clásica	Comité de admisión	Solvencia y responsabilidad	Solvencia y responsabilidad
...ite de compra a ...dito	100.000 ptas. al mes [1]	Un millón de ptas. al mes	Limitado	Ilimitado	Ilimitado
...o de interés	Del 1,75% al 1,85% mensual	Del 1,75% al 1,85% mensual	1% al mes en cargos de más de 50.000 ptas. [3]	2,4% al mes más 1000 ptas. por recibo devuelto [4]	2,4% al mes más 1.000 ptas. por recibo devuelto [4]
...ite de extracción en ...ctivo	Entre 20.000 y 100.000 ptas. / día	Ninguno	El equivalente a 1000 dólares	En España, 50.000 ptas./semana	En España, 100.000 ptas. / sem.
...tos de compra en ...paña	600.000	600.000	80.000	100.000	100.000
...tos de compra en el ...ndo	9.500.000	9.500.000	2.030.000	3.400.000	3.400.000
...tos de extracción en ...ctivo	40.000 (16.000 cajeros)	40.000 (16.000 cajeros)	Red de cajeros desde verano 1992	Cajeros 4B (2.500) En el mundo 40.000	Cajeros 4B (2.500) En el mundo 40.000
...misión por extracción ...efectivo	Entre el 2% y el 4% (mínimo 200 ptas. o 400 ptas.)	Entre el 2% y el 4% (mínimo 200 ptas. o 400 ptas.)	–	Mínimo 300 ptas. A partir de 10.000 ptas., 3%	Mínimo 300 ptas. A partir de 10.000 ptas., 3%
...guro de accidentes en ...je	Entre 15 y 30 millones de ptas.	Indemnización más elevada	125 millones. Más un millón por muerte natural [6]	75 millones	100 millones
...guro médico	No	Asesora en la asistencia médica en viaje [5]	Hasta un millón de ptas.	No	Hasta 1.500.000 ptas.
...oosición en pérdida o ...o	De 15 a 30 días	Tarjeta temporal en 3 ó 4 días	Inmediata	Menos de 24 horas	Menos de 24 horas
...sponsabilidad en ...ida o robo	Primeras 20.000 ptas. a partir de la denuncia	Primeras 20.000 ptas. a partir de la denuncia	Ninguna	Limitada a 8.000 ptas.	Limitada a 8.000 ptas.
...vicio 24 horas	Sí	Sí	Sí	Sí	Sí

...límite se puede ampliar temporalmente para vacaciones, viajes, etcétera

...oporciona la tarjeta del socio y ostras dos.

...usuario puede establecer el plazo de pago a un uno por ciento mensual.

...interés es un concepto de gestión de cobro, como las 1.000 ptas. por cada recibo devuelto.

...servicio de asesoramiento no incluye el pago de la factura.

...oarte del seguro por usar la tarjeta para viajes, Diners tiene otro de un millón por muerto o invalidez del socio.

Fuente: Asociación de Usuarios de Servicios Bancarios.

4 Quiero la reposición inmediata de mi tarjeta o, por lo menos, que lo hagan en 24 horas. Viajo mucho y necesito un seguro de accidentes de unos 100 millones de pesetas o más. No me importan los puntos de compra que haya. Quiero ser miembro de un club exclusivo, pero no quiero tener responsabilidad, en caso de robo o pérdida de la tarjeta.

5 Te recomiendo que solicites la tarjeta ....

6 Necesito una tarjeta porque viajo mucho. Por lo tanto necesito que tenga un seguro de accidentes en viaje que sea bastante elevado. No me importa el número de puntos de compra ya que suelo visitar y alojarme en sitios donde aceptan todas las tarjetas. Sin embargo necesito que no haya límite de compra a crédito. No quiero pagar más de 10.000 pesetas como cuota anual y, como tengo un seguro médico privado, no necesito que la tarjeta también lo tenga.

Ejercicio C.2

Trabajo en parejas

La persona A te dirá una frase y tú le responderás con tu versión de respuestas.

Luego, tú le dirás a la persona A tus frases y A te responderá con la versión de sus respuestas.

Así le respondes a A:

1 Paco: Voy a abrir una franquicia de Benetton.
   B: Pero a mí me dijo que ...
2 Director creativo: Llegué hoy por la mañana.
   B: Pero ...
3 El director: Las exportaciones han subido.
   B: Pero ...
4 Julia: Trabajaré en un banco al terminar mis estudios.
   B: Pero ...
5 Pablo: El negocio de la publicidad está en plena decadencia.
   B: Pero ...

Tú le dices a A:

1 La oficina de Jorge está en la Ronda de Toledo.
2 ¡Era un desastre! El ponente habló en alemán todo el tiempo.
3 Según Paco ha vendido un 5% más este mes que el mes pasado.
4 Paco tiene todas las tarjetas de crédito.
5 El señor Ruiz Molina pondrá el 25% del capital de la nueva empresa.

b Trabajo en parejas.

Conocer los secretos del Ahorro Fiscal
UNA PROFESION CON FUTURO... ASESOR FISCAL ¡EN SOLO 6 MESES!

La gestión fiscal es, desde hace unos años, una de las profesiones con el futuro asegurado.

Todas las empresas, incluso las personas físicas, necesitan colaboradores eficaces, que conozcan a fondo los diferentes tipos de impuestos, y que sepan **ahorrar importantes cantidades de dinero** aplicando simplemente las normas que marca la ley.

Más aún, con la apertura de las fronteras Europeas, se precisan especialistas que conozcan el Derecho Tributario Internacional, además del Nacional.

Ante esta necesidad se ha creado, en colaboración con Inspectores de Hacienda, Asesores Fiscales y Doctores en Derecho Tributario, de reconocido prestigio, pertenecientes todos ellos al Centro de Estudios Técnicos Empresariales, legalmente reconocido por el Ministerio de Educación y Ciencia, **el Nuevo Curso de Tributación y Asesoría Fiscal Internacional.**

Un curso que **en sólo 6 meses, sin necesidad de conocimientos fiscales previos,** le permitirá asesorar fiscalmente a cualquier empresa o particular que desempeñe su actividad en el territorio nacional o en el comunitario.

UN CURSO RAPIDO QUE LE OFRECE:

- *Conocer al detalle el Sistema Tributario Español, Autonómico y Comunitario.*
- *Realizar con facilidad.todos los trámites y procedimientos tributarios.*
- *Saber en qué consiste una Inspección Tributaria.*
- *Redactar correctamente cualquier recurso, instancia o escrito a las Autoridades Tributarias.*
- *Llevar la contabilidad de cualquier empresa.*
- *Conocer todos los impuestos directos e indirectos.*
- *Conocer los Sistemas Fiscales Autonómicos y de la Comunidad Europea.*
- *Realizar con facilidad toda clase de Declaraciones de Renta, Patrimonio y Sociedades.*
- *Ahorrar impuestos con la aplicación de todas las Deducciones y Desgravaciones que contempla la ley.*
- *Disponer de un amplio y riguroso material de consulta, permanentemente actualizado, que incluye Legislación Tributaria, casos prácticos, Diccionario básico de términos fiscales y diversos artículos y comentarios.*
- *Completar los conocimientos fiscales con temas de la actualidad económico-financiera, a través de la Revista Económico-Fiscal que se entregará mensualmente.*
- *Un servicio gratuito de consulta y seguimiento del curso con profesionales especializados.*

Todos los alumnos que sigan el curso con aprovechamiento recibirán el Diploma de Tributación y Asesoría Fiscal Internacional

ABIERTA LA MATRICULA
PLAZAS SUBVENCIONADAS LIMITADAS

Si desea información, sin ningún compromiso, sobre el contenido del curso y las condiciones especiales de inscripción, envíe la solicitud o llame a los teléfonos: (91) 766 41 11 - 766 84 29 - 766 28 37 de 9 a 19 h. y sábados y domingos de 10 a 19 h.

SOLICITUD DE INFORMACION GRATUITA ✂

Cumplimente esta solicitud y envíela a:
ESINE. Centro de Estudios Técnicos Empresariales. Avda. de Manoteras, 50-52. 28050 MADRID.

Deseo me envíen amplia información gratuita sobre el Curso de Tributación y Asesoría Fiscal Internacional.

Solicitar esta información no me compromete a nada.

Mis conocimientos fiscales son:

☐ Bajos   ☐ Regulares   ☐ Buenos

Profesión ....
Edad .... *Teléfono* ....
Nombre y Apellidos ....
Domicilio ....
Ciudad .... *C.P.* ....
Provincia ....
Firma:
ABT5

Persona B

Tú tratas de rebatir las exposiciones que te da la persona A para venderte el curso. Aquí tienes las frases pero, excepto la primera, no están en orden. Léeselas a tu compañero/a y anota sus respuestas. Organizad la conversación lógicamente.

A: ...

B: Muy bien, parece un curso interesante.

A: ...

B: Probablemente no sea una experta en Inspección Tributaria, pero sé muy bien en qué consiste.

A: ...

B: Siento decirle que realizo cualquier declaración de la Renta fácilmente.

A: ...

B: Mire, en principio no me interesa ampliar mi campo de trabajo y, por otro lado, no creo que me sea difícil ponerme al día en cualquier cuestión referente a los impuestos en general.

A: ...

B: Pues quizá tenga usted razón, pero mire, no puede inscribirme en su curso porque voy a hacer otro en Recursos Humanos.

A: ...

B: No es que los conozca, es que soy una experta.

A: ...

B: Pues no, porque yo ya sé todas las cosas que ofrece su curso. Ya conozco el Sistema Tributario Español.

A: ...

B: Tal vez no los realice con facilidad, pero desde luego consigo hacerlo.

UNIDAD 8

E j e r c i c i o   C.1

CAMARERO: ¿Qué van a tomar?

PERSONA A: ...

CAMARERO: ¿Una caña o de botella?

PERSONA A: ...

PERSONA B: *Say that you want a red Rioja wine.*

PERSONA C: Para mí, un vermut rojo con bastante hielo

CAMARERO: ¿Algo para picar?

PERSONA B *Ask what they have.*

CAMARERO:	Tortilla, mejillones, boquerones, croquetas, champiñones salteados con jamón, calamares, jamón, queso, pimientos de Padrón, gambas al ajillo, empanadillas de atún y de carne, chipirones en su tinta, fabada, callos ...
PERSONA B:	*Say what you want to order.*
PERSONA C:	Yo quiero un par de empanadillas de carne.
PERSONA A:	...
PERSONA C:	Bueno. ¿Y si para el cumpleaños de Miguel fuéramos a comer?
PERSONA B:	*Say that you'd prefer to have a party.*
PERSONA A:	...
PERSONA B:	*Say you think it would be better if you held it in a disco.*
PERSONA A:	...
PERSONA C:	Me gustaría que fuera un sitio menos público.
PERSONA A:	...
PERSONA B:	*Say that you don't mind.*
PERSONA C:	Bueno. Y ¿qué le vamos a comprar?
PERSONA A:	...
PERSONA B:	*Say that you would like the present to be more original.*
PERSONA A:	...
PERSONA B:	*Say that you don't know, but that you think it's better if you ask Miguel what he wants.*
PERSONA A:	...
PERSONA C:	Estoy de acuerdo. Y ya sabéis que a Miguel le encantan las corbatas.
PERSONA B:	*Say you agree. Tell them to do what they want. Add that it seems that noboby wants to know what you think anyway.*
PERSONA C:	No te pongas así. De todos modos no sabemos lo que tiene pensado Miguel para su cumpleaños. Es posible que no esté aquí.
PERSONA A:	...
PERSONA B:	*Say you are sure he will be here because you've organised a game of tennis with him for that afternoon.*
PERSONA A:	...
PERSONA B:	*Say that if Persona A played he/she would feel better.*
PERSONA A:	...
PERSONA C:	Bueno. A ver. ¿Dónde están esas bebidas?

Ejercicio C.6

¿Qué argumentos podrías presentar para que tu empresa no asistiera a una feria?

- Es un despilfarro de recursos.
- Necesita mucha preparación.
- El director no puede ir solo y por lo tanto necesita una segunda persona.

- Esta persona necesitará preparación.
- No hay nadie en la oficina que pueda tomar decisiones importantes mientras el director está fuera.
- Representantes del país extranjero estaban en la feria nacional y no mostraron mucho interés en los productos.
- El director no habla el idioma del país extranjero.
- Tendrán que gastar dinero para traducir toda la literatura sobre los productos.
- Ya existe una estrategia de marketing acordada por la Junta General que no incluye visitas al extranjero.

UNIDAD 9

Ejercicio C.1

Persona C

Producto 1	Producto 2	Producto 3
Responde con:	Responde con:	Pregunta sobre:
• 26.500 la unidad CIF (Coste Seguro Flete)	• 3.050 ptas. la unidad CIF (Coste Seguro Flete)	• el precio
• letra 90 días	• pino, caoba, castaño y ébano.	• el número de estilos
• despacho en cuanto se recibe el pedido	• una semana	• plazo de entrega
• un descuento del 3% en pedidos de 50 unidades o más	• descuentos con el segundo pedido	• términos de pago
• un año de garantía	• 6 meses en condiciones normales	• descuentos
		• modo de entrega

UNIDAD 10

Ejercicio C.1

Trabajo en parejas

Aquí están los consejos que la persona B debe dictar a la persona A. A tu vez, debes escribir las frases que la persona A te dicta.

Persona B
- El primero que obtiene los datos clave del otro tendrá una ventaja.
- Hay que saber esperar y saber escuchar.
- Dar a entender al contrario que se comprende su postura, aunque mostrando que no se está de acuerdo con ella.
- Jamás se debe reaccionar violentamente ante las posiciones del otro.

- Saber manejar el silencio es fundamental durante la negociación. El silencio es una situación muy tensa, que mucha gente no puede o no sabe controlar.
- No todo es negociable y es mejor no entrar en determinados puntos.
- Si tu contrario presenta documentos hay que limitarse a leer y pasar las hojas en silencio.
- Si tu contrario desvía la vista te está mintiendo.
- Hay que ponerse en el lugar del otro para tratar de comprender su posición.
- Si tu contrario tiene las piernas cruzadas, en el 90% de los casos no se firmará un acuerdo.

E j e r c i c i o   C.3

Grupo C

Representáis a las secretarias y a los trabajadores. Estáis de acuerdo con las clases para las secretarias pero creéis que es injusto que los otros trabajadores no tengan clases también. Pensáis que los que no tienen clases de inglés se verán perjudicados a la hora de los ascensos. Queréis clases para todo el mundo, aunque reconocéis que los ejecutivos deben tener prioridad. Sin embargo queréis que la empresa ayude a cualquier persona que quiera ir a clase. Creéis que la empresa podría pagar hasta el 50% del coste de las clases, y que las clases podrían celebrarse dentro de la empresa, ya que la gente perderá mucho tiempo yendo a una academia privada. Sabéis que vais a necesitar de 6 meses a un año de clases para que la gente pueda llegar a tener un nivel de inglés aceptable.

E j e r c i c i o   C.5

Persona B

- Los seres humanos no necesitan dirección ni control exterior, cuando los objetivos son claros y están comprometidos con ellos.
- Los seres humanos buscan responsabilidad y compromisos.
- Los seres humanos tienen poca ambición y desean ante todo seguridad.
- En la vida actual sólo se utiliza parte del potencial de los seres humanos.
- La capacidad de imaginación, la habilidad y la creatividad se distribuye de forma amplia en la población.
- Los seres humanos tratan de evitar responsabilidades.

G LOSSARY

abogado *lawyer*

abonar *to pay, to pay for; to credit*

abreviatura *abbreviation*

absentismo *absenteeism*

abstract *abstract*

abuelo *grandfather*

abuelos *grandparents*

aburrido *boring*

acceso *access, entry*

acción *action, act; share, stock*

aceite (nm) *oil*

aceptación *acceptance, approval*

aclarar *to clarify, to explain*

acolchado *padded*

aconsejable *advisable, sensible*

aconsejar *to advise, to recommend*

acordar *to decide, agree on; to remember, recall*

acostarse *to go to bed; to lie down*

acuerdo *agreement, pact; resolution*

acusar recibo *to acknowledge receipt*

adecuado *adequate, suitable*

adivino *fortune-teller*

administativo *clerk, administrative assistant*

adoptar el papel *to take on the role*

adquirir *to purchase, to buy*

adquisitivo *acquisitive*

afirmación *affirmation*

afirmar *to affirm, to assert*

agasajar *to entertain, to treat well*

agencia *agency; office*

agente publicitario *publicity agent, advertising agent*

ágil *agile, nimble, quick*

agotar *to exhaust; to use up, to deplete*

agradecer *to thank, to be grateful for*

agradecimiento *gratitude, thanks; appreciation*

agrícola *agricultural, farming*

agua *water*

ahorrar *to save*

ahorro *saving; savings*

aire acondicionado *air conditioning*

ajeno *somebody else's; foreign*

ajillo *chopped garlic, al ajillo cooked in garlic*

ajo *garlic*

ajustarse *to adjust to, to conform to*

alargado *long, extended*

alcanzar *to reach, to obtain, to amount to*

alegre *happy, cheerful*

alemán *German*

alfabetización *(teaching) literacy*

alfanumérica *alphanumeric*

alimentación *food; feeding*

aliñar *to dress, to season*

almacén (nm) *store, department store; warehouse*

almorzar *to lunch, to have lunch*

almuerzo *lunch*

alojar *to accommodate, to put up*

alojarse *to lodge, to be lodged*

alquilar *to rent, to hire*

alquiler (m) *rent, rental; hire charge*

altibajos *ups and downs*

altura *height*

alza *rise*

ambicioso *ambitious*

ambiental *environmental*

ambiente *surrounding; atmosphere*

ámbito *field, area, sphere*

ambos *both*

amenazar *to threaten*

amigable *friendly, amicable*

amortización *repayment, amortisation*

ampliación *extension, increase; enlargement*

ampliadora *enlarger*

ampliar *to expand, to extend*

amplio *ample, extensive*

amplitud *spaciousness, roominess*

anatomía *anatomy*

anclar *to anchor*

anodino *anodyne, dull*

anotar *to note down, to register; to record*

antelación con *in advance, in good time*

antemano de *in advance, beforehand*

antena *aerial, antenna*

anterior *preceding, previous, former*

antes *before; previously; first*

antónimo *antonym*
anual *annual*
anular *to annul, to cancel*
anunciante *advertiser*
anuncio *advertisement; announcement*
aparato *set, receiver; apparatus*
aparecer *to appear; to show up*
apertura *opening*
aplazar *to put off, to postpone*
aportar *to contribute*
apoyo *support, backing*
aprendizaje *apprenticeship; learning*
apropiarse *to appropriate*
aproximado *approximate, rough*
arrepentirse *to repent, to be repentant*
arriba *above, overhead; up, upwards*
arrogante *arrogant, haughty*
arruinar *to ruin, to wreck, to destroy*
arte (m) *art*
asamblea *meeting, assembly, congress*
ascender *to promote; to ascend*
ascenso *promotion*
ascensor *lift, elevator*
asegurar *to assure, to affirm; to insure*
asesor (m) *advisor; consultant*
asesorar *to advise, to give legal/professional advice to*
asignar *to assign; to appoint*
asimismo *likewise, in the same way*
asistencia *attendance, presence*
asociarse *to associate, to form a partnership*
aspecto *appearance, look, aspect*
aspirante *candidate, applicant*
asumir *to assume, to take on*
asunto *matter, topic, affair*
atentamente *attentively, politely*
   le saluda atentamente *yours faithfully*
atento *polite, thoughtful, kind*
atomizar *to fragment*

atractivo *attractive*
atraer *to attract, to appeal to*
atropellar *to knock down, to run over*
atún *tuna*
audiencia *audience*
auditoría *audit(ing)*
aumentar *to increase, to add to*
aumento *increase; rise*
autarquía *self-government, national self-sufficiency*
autonómico *autonomos, regional*
autorretrato *self-portrait*
autoservicio *self-service*
auxiliar *assistant*
avalar *to guarantee, to answer for; to endorse*
averiguar *to find out, to discover; to ascertain; to guess*
aversión *aversion, distaste*
ayudar *to help, to aid, to assist*
ayuntamiento *town/city hall, town/city council*
azafata *hostess*
azúcar *sugar*

bachillerato *baccalaureate, school-leaving exam*
bajada *descent; reduction*
bajar *to lower, to bring down; to reduce; to descend*
bajo *low, short; faint, soft*
balance (nm) *balance; balance sheet*
baloncesto *basketball*
banco de datos *data bank*
barnizar *to varnish*
basar *to base, to found*
base *base; basis, foundation*
bastante *enough, sufficent; quite*
bastar *to be enough, to be sufficient*
basura *rubbish, refuse, litter*
batalla *battle*
bebida *drink*
beneficio *benefit, profit, gain*
beneficioso *beneficial; profitable*

bienvenido *welcome*
bilingüe *bilingual*
billete *ticket; banknote*
bloc *pad, writing pad*
boda *wedding*
boletín *bulletin*
bolígrafo *ball-point pen*
bolita *small ball, pellet*
bolsa *stock exchange, stock market; bag*
bolsillo *pocket*
bomba *bomb*
boquerón *anchovy*
borrador *first draft, rough copy*
bosque (nm) *wood, forest*
botella *bottle*
bóveda geodésica *geodesic dome*
brazo *arm*
británico *British*
brusco *sudden, brusque*

caballo *horse*
caber *to fit into, to go into, to have enough room*
cabeza *head, leader*
cacareado *boasted, much talked of*
cada *each; every*
caja *box, crate, cashbox; cashdesk*
caja fuerte *safe, strongbox*
caja registradora *till*
cajero *cashier; bank teller*
cajón *drawer*
calamar *squid*
calamidad *disaster*
calculadora *calculator*
calculadora de bolsillo *pocket calculator*
calcular *to calculate, to work out*
cálculo *calculation, estimate*
calefacción *heating*
calidad *quality*
callado *quiet, reserved*
callos *tripe*
cambio *change, alteration, switch*
camilla *stretcher*
camión *lorry, truck*
campaña *campaign; sales drive*

campo *field, scope, range; countryside*
canadiense *Canadian*
canalizar *to channel, to direct*
cancelar *to cancel*
candidato *candidate*
cantidad (f) *quantity, amount*
caña *glass of beer*
caoba *mahogany*
capacidad (f) *capacity, size*
capataz *foreman, overseer*
capaz *capable, able; efficient, competent*
capital (nf) *capital (city)*
capital (nm) *capital (sum)*
capitalista *capitalist(ic)*
capota *hood*
carga *refill*
cargador *charger; loader*
cargo *post, position; duty, obligation*
carne *meat*
caro *expensive*
carpeta *folder, file, portfolio*
carrera *career; profession*
carta *letter*
cartera *wallet; briefcase; portfolio*
cartillas de ahorro *savings bank book*
casillero *pigeon-hole, box, compartment*
catalán *Catalan, Catalonian*
catálogo *catalogue*
catarro *cold, catarrh*
categoría *category; class; rank*
causa *cause; lawsuit*
CE (Comunidad Europea) *EU (European Union)*
cebolla *onion*
celebrar *to celebrate, to hold*
celo *adhesive tape*
cena *dinner, supper*
cenit (nm) *zenith*
céntrico *central, middle*
centroamericano *Central American*
cerrar *to close, to shut*

certeza *certainty*
cerveza *beer*
cierto *certain, some; sure*
cifra *number, quantity, amount*
cigarrillo *cigarette*
cinta *tape; ribbon*
cirujano *surgeon*
cita *appointment, engagement*
claro *clear; of course*
clase *class, type*
clasificar *to classify*
clave (nf) *key, code*
cobrar *to charge; to collect, to cash; to draw a wage*
cobre (m) *copper*
coche *car; motorcar*
　coche de ocasión *second-hand car*
cocina *kitchen*
coger *to take hold of, to catch, to pick up*
colchón *mattress*
colgar *to hang, to hang up*
colmo *height, extreme*
　es el colmo *it's the limit!, it's the last straw!*
colocar *to place, to position*
comentario *comment, remark, observation*
comercialización *commercialisation, marketing*
comerciante *trader, dealer, merchant*
comida *food; meal, lunch*
comienzo *beginning, start*
comisión *commission; committee, board*
cómodo *comfortable*
compañero de promoción *someone who graduated in the same year*
comparar *compare*
compensación *compensation, severance pay*
competencia *competition*
competir *to compete*
competitividad *competitiveness*
complacerse *to be pleased, to take pleasure in*

complementar *to complement, to complete*
complemento directo/indirecto *direct/indirect object*
comportarse *to behave, to conduct oneself*
compra *purchase, buying*
compraventa *buying and selling, dealing*
comprender *to understand, to realise; to comprise, to include*
comprobar *to check, to test; to prove*
común *common, joint*
comunicación *communication; contact*
comunitario *community*
conceder *to give, to grant*
concepto *concept, idea*
concertar *to arrange, to set up, to fix, to agree*
concesión *concession, grant, allowance*
concurso *competition, contest*
condimentar *to season, to spice, to flavour*
conducir *to drive; to guide; to lead to*
confianza *confidence; intimacy; trust*
confidencial *confidential*
confirmar *to confirm*
confundir *to confuse, to mix up*
confundirse *to get confused, to make a mistake*
confuso *confusing*
conjunción *conjunction*
conocerse *to meet, to get acquainted*
conocimiento *knowledge*
conseguir *to get, to obtain*
consejo *advice, a piece of advice; board, council; tribunal*
consejo de administración *board of directors*
consentimiento *consent, agreement*

conserva *preserved food, tinned food*

conservador *conservative*

considerable *considerable*

consolidar *to consolidate*

constituir *to constitute, to set up*

consulta *consultation*

consultor *consultant*

consumidor(a) *consumer*

consumir *to consume*

consumo *consumption*

contabilidad *accounting, bookkeeping; accountancy*

contable *accountant*

contaminar *to contaminate*

contemplar *to consider; to take account of, to examine; to contemplate*

contento *pleased, glad, happy*

contestador automático (m) *answering machine*

contra *against*

contrapartida *contrast, compensation*

contrario *opposite; opposed*

contratante *contracting party; contractor*

contratar *to contract for, to sign a contract for; to hire*

contratiempo *mishap, accident; setback, reverse*

contrato *contract*

contribución *contribution; tax*

controlador aéreo *air traffic controller*

convencional *conventional*

convenio *agreement, treaty*

convenir *to be as well to, it is important to; to agree; to be suitable for*

convocar *to summon, to call*

coordinar *to coordinate*

corbata *tie, necktie*

cordialmente *sincerely*

correo *post, mail*

correos *post office*

correspondencia *correspondence, letters, post*

correspondiente *corresponding*

corriente *ordinary, normal, common; current*

cortado *coffee with a little milk*

cortesía *courtesy, politeness*

cosmético *cosmetic*

coste *cost, price, expense*

cotización *quotation, price, value*

creación *creation*

crear *to create, to make; to invent*

creatividad *creativity*

creativo *creative*

crecer *to grow; to increase; to rise*

crecimiento *growth; increase; rise*

crédito *credit*

cronológicamente *chronologically*

croqueta *rissole, croquette*

cruzar *to cross*

cuadrado *squared*

cuadro *painting, picture*
cuadro eléctrico *dashboard*

cualidad *quality; characteristic*

cualquier *any*

cuarto de baño *bathroom*

cubo *bucket*

cubrir *to cover*

cuenta *account, bill; calculation*

cuerpo *body*

culinario *culinary, cooking*

culpable *guilty*

cultivar *to cultivate*

cumbre *summit, top*

cumpleaños *birthday*

cumplir *to comply with, to carry out, to fulfil*

cuota *quota, share*
cuota de mercado *market share*

cupón de inserción *reply coupon*

cursillo *short course*

curso *course, subject; direction*

cuyo *whose; of whom, of which*

chaleco *waistcoat*

champiñon *mushroom*

champú *shampoo*

charlar *to talk, to chat*

cheque *cheque*

chequera *cheque-book*

chileno *Chilean*

chimenea *chimney; funnel*

chipirón *small cuttlefish*

chocar *to collide, to crash; to shock, to startle*

choque *crash; impact; shock*

chorizo *salami, sausage*

chufa *chufa, tiger nut*

churro *fritter*

dañar *to damage, to harm, to hurt*

daño *damage, hurt, harm*

débil *weak*

decepción *disappointment*

dedicarse *to devote oneself to, to go in for*

dedo *finger*

deducción *deduction*

definir *to define*

defraudar *to disappoint; to defraud*

demanda *demand, request; claim, petition*

demás (lo/las/los) *the other; the rest*

demográfico *demographic*

demora *delay*

denegar *to refuse, to reject, to deny*

denotar *denote*

denunciar *to accuse, to report, to denounce*

dependencia *dependence, reliance*

deporte (m) *sport*

deportivo *sports, sporting*

derecho *right; straight; law*

derrumbar *to knock down, to demolish; to overturn*

desacuerdo *disagreement, discord*

desarrollo *development*

desastre *disaster*

desayuno *breakfast*

descanso *rest, break*

descapotable *convertible*

descender *to lower; to let down; to descend*

descenso *descent; drop, fall*

descodificador *decoder*

desconocimiento *ignorance*

descontar *to discount, to deduct*

descuento *discount, rebate*

desde *since; from*

desempaquetar *to unpack, to unwrap*

desempleado *unemployed*

desempleo *unemployment*

desencanto *disillusion(ment), disenchantment*

deseo *wish, desire*

desgracia *misfortune; accident; bad luck*

desgravación *tax relief*

deshonesto *dishonest; improper*

desordenada *untidy, disordered*

despacho *study, office*

despedida *farewell; sacking; closing formula*

despedido *dismissed employee*

despedir *to dismiss, to sack; to say goodbye*

despegar *to take off, to lift off*

despensa *larder, pantry*

despertador *alarm clock*

despido *dismissal*

despilfarro *waste*

despistado *absent-minded; unpractical*

desplazamiento *journey, trip; movement*

desplegar *to unfold, to open out*

desprecio *contempt, disdain*

después *afterwards, later; next*

destacar *to stand out; to be outstanding*

destinatario *addressee*

destino *destiny, fate; destination*

destituir *to dismiss, to remove, to sack*

detallar *to detail, to itemise*

detergente (nm) *detergent*

devolver *to return, to give back, to repay*

diálogo *dialogue*

diapositiva *slide, transparency*

dibujante *draftsman, draftswoman; cartoonist*

dibujo *drawing, sketch*

diccionario *dictionary*

difícil *difficult*

dilatado *dilated, extensive; numerous*

dimensión *size*

diminuto *tiny, minute*

dinámico *dynamic*

dinero *money*

dirección *address; direction*

directivo *manager, executive*

director comercial *commercial director*

director gerente *managing director*

dirigir *to direct; to manage, to run*

discreto *discreet*

discriminar *to discriminate against*

disculpa *excuse, apology*

disculparse *to apologise, to excuse oneself*

diseñador *designer*

diseño *design*

disimular *to hide; to pretend*

disminución *decrease, fall*

disminuir *to decrease, to lessen*

dispararse *to shoot up; to go off*

disponer *to have, to have available, to provide*

disponibilidad *availability*

disponible *available, on hand*

distribución *distribution*

distribuir *to distribute; to hand out*

DNI (Documento Nacional de Identidad) *National ID Card*

dólar *dollar*

domiciliar *to pay by direct debit; to domicile, settle somewhere*

dominar *to dominate*

dotar *to endow, to provide*

dramáticamente *dramatically*

duda *doubt, misgiving*

dudoso *doubtful; unclear; uncertain*

dueño *owner, proprietor; employer*

durar *to last, to go on, to continue*

duro *hard; difficult*

ecología *ecology*

económico *economic, fiscal; economical*

edad *age; period*

EE UU (Estados Unidos) *USA*

efectivo *effective*

en efectivo *in cash*

efectuar *to carry out, to bring about*

eficacia *efficiency, effectiveness*

eficaz *efficient, effective*

eficiente *efficient*

ejecutar *to execute, to carry out; to perform*

ejercer *to practise, to work in*

ejercicio *fiscal year, financial year*

elaborar *to make, to manufacture, to produce*

electrodoméstico *home electrical appliance*

elegir *to choose, to select; to elect*

elevado *elevated, raised; high*

emisión *emission, issue; broadcast*

emisora *radio station*

emotividad *emotive nature*

empanadilla *patty, pasty, small pie*

empeñarse *to pledge something, to insist on something*

empezar *to begin, to start, to commence*

empleado *employee; clerk, office worker*

empleo *employment, job, post*

empresarial *business; managerial*

empresario *businessman; promotor; impresario*

encabezar *to head*

encajar *to fit together; to join together, to fit, to insert; to match*

encantado *delighted, pleased, charmed*

encargado *person in charge; agent, representative*

encargar *to order; to entrust; to ask for*

encargo *order, request; commission*

enchufar *to plug in; to connect*

encuentro *meeting, encounter*

encuesta *survey, poll*

enfadar *to anger, to annoy*

enfermero/a *nurse*

engañar *to cheat, to deceive, to trick*

enorme *enormous, huge*

enseguida *at once, immediately, right away*

entendimiento *understanding*

entidad *entity, organisation; firm, concern, company*

entorno *setting, ambience, environment*

entrega *delivery*

entregar *to deliver; to hand over*

entrenar *to train, to coach*

enumerar *to enumerate*

envase *container; package; bottle*

envidioso *envious, jealous*

envio *consignment, shipment envio, gasto de postage and packaging*

época *period, time, age*

equilibrar *to balance*

equipar *to equip, to furnish*

ergonómico *ergonomic*

escala *scale; range*

escalera *stair, staircase; ladder*

escándalo *scandal, outrage*

escaso *scarce*

escoger *to choose, to pick, to select*

escolar *schooling, school*

escritorio *desk, bureau*

escrupuloso *honest, scrupulous*

escudo *shield*

esforzarse *to make an effort*

esfuerzo *effort, exertion*

espacio *space; room*

espalda *back, shoulder*

espantoso *dreadful, appalling; terrifying*

especializar(se) *to specialise*

especicifación *specification*

espectacular *spectacular*

espera *wait, period of waiting*

esperanza *hope, prospect, expectation*

esperar *to hope for, to expect; to wait, to wait for*

esposa *wife*

esquiar *to ski*

esquina *corner*

estabilidad *stability*

establecimiento *establishment, founding*

Estados Unidos *United States*

estantería *shelf, shelving*

estar a favor *to be in favour*

estar al tanto *to be fully informed, to know the score*

estar bien *to be all right*

estar de acuerdo *to agree, to be in agreement*

estar de moda *to be fashionable, to be in fashion*

estar de pie *to be standing*

estar de pie/sentado *to be standing (up), to be sitting*

estar de vacacaiones *to be on holiday*

estar de viaje *to be on a trip, to be travelling*

estar de vuelta *to be back, to be home (again)*

estar dispuesto *to be prepared to, to be disposed to*

estar malo *to be ill*

estar seguro *to be sure*

estático *static*

estatuto *statute; rule; by-law*

estimación *estimate, valuation; esteem*

estimar *to estimate; to gauge; to reckon*

estómago *stomach*

estrategia *strategy*

estrecho *narrow; cramped; tight*

estreno *premiere, release; first night*

estricto *strict*

estropear *to damage; to spoil; to mess up*

estudio de mercado *market research*

estudios secundarios *secondary education*

europeo *European*

evacuar *to evacuate*

evaluar *to evaluate, to assess*

evitable *avoidable, preventable*

exigir *to demand; to require; to exact*

existencia (nfp) *stock, goods*

éxito *success; hit*

expansión *expansion, enlargement*

explotar *to exploit, to tap; to run, to operate*

exponer *to exhibit, to put on show, to display*

exportación *export, exportation*

exposición *exhibition, fair, show*

expositor *exhibitor*

extensión *extension, size*

exterior *exterior, outside*

externo *external, outward*

extinción *expiry, extinction*

extracción *extraction, draw*

extranjero *foreign; foreigner*

extraño *strange, odd; foreign*

extrovertido *extrovert; outgoing*

fabada *bean stew with pork etc.*

fabricación *manufacture, production*

fabricante *manufacturer; maker*

fácil *easy*

facilidad *ease, simplicity; facility, terms*

facilidades de crédito *credit facilities*

facilidades de pago *easy payment terms*

facilitar *to facilitate, to make easy*

facilitar la marcha *to help the running/operation*

factura *bill, invoice*

fallar *to fail, to go wrong; to miss*

fallecer *to pass away, to die*

fallo *failure, breakdown; error, mistake*

faltar *to be absent, to be missing*

farola *lamppost*

fe *faith*

fecha *date*

felicidades *congratulations, best wishes*

feria *fair, market*

ferial *fair; market; fairground*

fichero *filing cabinet; card index; file*

fiera *wild animal, beast*

figurar *to figure; to appear*

fijo *fixed; steady; permanent*

filial *subsidiary; affiliated (company)*

filmar *to film, to shoot*

filosofía *philosophy*

filtro *filter*

finalidad *object, purpose, intention, aim*

financiación *financing*

financiar *to finance*

financiero *financial*

finanzas (nfpl) *finances*

fiscal (adj) *fiscal, financial*

fiscal (nmf) *public prosecutor; district attorney*

física *physics*

físico *physical, physique*

fletar *to charter; to rent*

flete *freight, cargo; carriage, freightage*

flor (nf) *flower*

flota *fleet*

folleto *leaflet, flier; brochure*

fondo *fund*

forma *form, shape; way, means*

formación *training, education; formation*

fracaso *failure, breakdown*

francés *French*

franco *free, gratis, exempt; frank, open*

franco a bordo *free on board*

franquear *to frank, to stamp, to pay postage on*

franqueo *postage*

franquicia *franchise*

frío *cold*

frito *fired*

frugal *thrifty, parsimonious*

fuego *fire*

fuente *source, origin; fountain*

fuerza *strength; force; power*

fumador *smoker*

fumar *to smoke*

funcionar *to function, to work*

fundación *foundation*

fusión *merger; amalgamation*

gabinete *office; cabinet*

gafas *glasses, spectables*

gallego *Galician*

gama *range*

gamba *prawn*

ganancias (nfpl) *earnings, profits; winnings*

ganar *to earn; to win*

garaje *garage*

garantía *guarantee*

garantizar *to guarantee, to vouch for*

garbanzo *chickpea*

gastar *to spend; to use up, to wear out*

gasto *expenditure; expense*

gastos *costs, expenses*

género *goods, merchandise; class, type*

gente *people*

gestor *business agent, agent who obtains official documents on clients' behalf*

girar *to turn, to turn round*

giro *draft, bill of exchange; turn*

gobierno *control, management; government*

golpe, a... de *by means of*

golpear *to hit, to strike; to pound, to beat*

grabación *recording*

grado *grade; degree*

gráfico *graph, diagram, chart*

gratis *free, gratis*

grato *pleasing, pleasant*

griego *Greek, Grecian*

gris *grey*

gritar *to shout*

grosor *thickness*

guardarropa *cloakroom*

guisar *to stew, to cook*

gusto *pleasure; taste, flavour; style*

haba *bean*

hábil *clever, skilful, able*

habitante (nmf) *inhabitant*

hasta luego *so long, see you later!*

hectárea *hectare*

herencia *inheritance, legacy*

hielo *ice*

higiene *hygiene*

hijo *child, son*

hipócrita *hypocritical; hypocrite*

hipotética *mortgage*

histérico *hysterical*

historia *history; story, tale*

hogar *home*

hoja *sheet (of paper); leaf*

hoja de cálculo *spreadhseet*

holandés *Dutch, Dutchman*

honrado *honest, honourable*

horario *timetable, schedule*

horno *oven*

hoy *today*

huelga *strike*

huevo *egg*

humeante *steaming; smoky*

humilde *humble, meek*

humo *smoke*

humor *mood, temper, humor*

icono *icon*

identidad *identity*

identificar *to identify;*
 to recognise

idioma *language*

idóneo *suitable, fit, fitting; ideal*

iglesia *church*

igual *equal to, the same*

impaciencia *impatience*

impaciente *impatient; anxious*

impacto *impact*

imperar *to reign, to prevail*

imperfecto *imperfect, faulty*

implantarse *to introduce;*
 to implant

implicación *implication*

imposición *tax, imposition*

imprenta *printer's, printing*
 house

imprescindible *essential,*
 indispensable, vital

impresión *impression*

impresora *printer*

imprevisión *improvidence,*
 lack of foresight

imprimir *to imprint; to print*

improbable *unlikely,*
 improbable

impuesto *tax, duty, levy*

inalámbrico *cordless*

incentivo *incentive*

incertidumbre *uncertainty,*
 doubt

incluso *even, actually; included,*
 enclosed

inconveniente *inconvenient;*
 disadvantage, drawback

incrementar *to increase,*
 to promote

incremento *increase, rise,*
 addition

individualizar *to individualise*

individuo *individual*

INEM Instituto Nacional de
 Empleo

inestable *unstable, unsteady*

inferior *lower; inferior*

inflacción *inflation*

informática *computer science,*
 computing

informativo *news, news programme*

informe *report, statement,*
 announcement

infusión *infusion*

ingeniero *engineer*

inglés *English, Englishman*

ingreso *deposit, sum received,*
 entry; revenue

inmobiliaria *property company,*
 estate agent

inmune *immune; exempt*

innato *innate*

inscribir *to register, to inscribe,*
 to enrol

inseguridad *insecurity,*
 uncertainty

insoportable *unbearable,*
 intolerable

inspección *inspection,*
 examination, check

instalar *to install*

insuficiente *insufficient,*
 inadequate

insultar *to insult*

intentar *to attempt, to try*

intento *attempt, intent*

intercambio *exchange,*
 interchange

interés (nm) *interest*

interno *internal, interior, inside*

intérprete *interpreter,*
 translator

intolerancia *intolerance, bigotry*

inversión *investment*

invertir *to invest*

investigación *investigation,*
 research

invierno *winter*

invitación *invitation*

irlandés *Irish, Irishman*

irritabilidad *irritability*

irritar *to irritate, to exasperate*

Italia *Italy*

italiano *Italian*

IVA (Impuesto sobre el Valor
 Añadido) *VAT*

jamás *never*

jamón *ham*

japonés *Japanese*

jerarquía *hierarchy*

jerárquico *hierarchic*

jornada *working day, shift*

juego *game*

junta de accionistas
 shareholders' meeting

juntar *to amass, to collect,*
 to gather; to join

jurídico *legal*

justicia *justice; equity*

laboral *labour, work*

ladrón *thief; burglar*

lamentable *regrettable,*
 lamentable

lamentar *to regret, to be sorry*
 about

lanzamiento *launch, launching;*
 promotion

lápiz (nm) *pencil*

lástima *pity, shame*

lata *tin; tin can*

lavadora *washing machine*

lector *reader*

legislación *legislation*

lejano *distant, remote, far off*

lenguaje *language*

lento *slow, sluggish*

ley (nf) *law*

libre *free*

licencia *licence, permission;*
 permit

licenciado *licentiate, bachelor*

ligero *slight; light*

limpio *clean*

listo *ready, prepared; clever; smart*

literario *literary*

localización *location, siting*

lograr *to get, to obtain, to achieve*

lotería *lottery, draw*

luz *light; daylight*

llamada *to call, to name;*
 to summon

llevar a cabo *to carry out,*
 to execute

macizo *solid, stout*

madera *wood*

madrugadora *early riser; early bird*

maleta *suitcase, case*

malo *bad, poor*

mandar *to send; to order*

mandíbula *jaw*

manera *way, manner*

mano (nf) *hand*

mantener *to keep up, to maintain*

manzanilla *camomile; camomile tea*

mapa (nm) *map*

maquinaria *machinery; plant*

marca *mark, trademark, brand*

marcar *to mark, to indicate; to show*

marcha *speed; running, working; progress*

marcharse *to go away, to leave*

marido *husband*

masa *dough; mass*

masivo *massive; large scale*

master *master's degree*

máximo *maximum; highest*

mayonesa *mayonnaise*

mayor *main, principal, highest; maximum*

mayoría *majority*

mediador *mediator*

media luna *half moon*

médico *medical; doctor*

medio *half; middle, centre; means, way, method*

medir *to measure*

megafonía *megaphone*

mejicano *Mexican*

mejillón *mussel*

membrete *letterhead, heading*

memoria *memory*

menor *minor; smaller/est; younger/est*

menos *less, fewer*

mensaje *message*

mensual *monthly*

mental *mental, intellectual*

mente (nf) *mind, intelligence*

mentir *to lie*

menudo *small, tiny*

a menudo *frequently, often*

mercadotécnica *marketing*

mercancía *goods, merchandise*

mezcla *mixture*

mientras *while, as long as; meanwhile*

mínimo *minimum; smallest, slightest*

minusválido *handicapped, incapacitated*

modelo *model; pattern, standard*

modesto *modest*

moneda *currency, money, coinage; coin*

monótono *monotonous, humdrum, dreary*

montar *to set up, to assemble; to mount*

montón (nm) *heap, pile*

mostrador *counter*

mostrar *to show, to demonstrate*

motivo *motive, reason; cause*

moto (nf) *motorbike, scooter*

mucho gusto *how do you do?, pleased to meet you*

mudanza *move, removal*

mueble (nm) *piece of furtniture*

muestra *sample; example; trade fair*

multar *to fine*

multinacional *multinational*

multiplicador *multiplier*

mundillo *word, circle*

nacionalidad *nationality*

nada *nothing*

nadar *to swim*

navegar *to sail*

necesario *necessary*

necesidad *need, necessity*

negación *negation, refusal, denial*

negar *to deny, to reject, to refuse*

negociador *negotiator*

negro *black*

nevera *refrigerator, icebox*

ni *nor, neither*

nivel *level, height*

nombrar *to name, to designate; to appoint*

nómina *payroll*

nominal *nominal; titular*

norma *rule, regulation; norm, standard*

norte *north*

notario *notary, notary public*

novedoso *novel, new*

nudillo *knuckle*

objeto *object*

obligación *obligation*

obligatorio *obligatory*

obra *work, piece of work*

obrero *worker*

oferta *offer; bid; supply*

ofimática *office automation*

ojalá *let's hope so, if only it were so*

ojo *eye*

ópalo *opal*

optimista *optimist, optimistic*

oración *sentence, clause; prayer*

ordenador *computer*

ordenador portátil *laptop computer*

organigrama *flow chart, organisation chart*

organización *organisation*

organizar *to organise*

orgullo *pride*

orgulloso *proud*

orientación *guidance, training; orientation*

Oriente Medio *Middle East*

oro *gold*

ortografía *spelling*

oscuro *dark*

paciente *patient*

pagar *to pay*

pago *payment*

pájaro *bird*

palabra *word*

pálido *pale, pallid*

pan *bread*

pantalla *screen*

papeleo *red tape, paperwork*

paquete *packet, parcel*

par *pair*

parecer *to seem, to look like*

parecerse *to look alike,*
   to resemble

pareja *pair, couple, partner*

parentesco *relationship, kinship*

paro *unemployment; stoppage*

párrafo *paragraph*

participación *participation;*
   share

particular *private, personal;*
   particular

partida *game, match; entry, item,*
   section

pasajero *passenger*

pasivo *passive; liabilities, debts*

pata *foot, leg, paw*
   mala pata *bad luck*

patata *potato*

patrimonio *patrimony, net*
   worth; inheritance

patrocinio *sponsorship*

patrón *pattern; master, boss, chief*

pedido *order*

pedir *to ask for, to request*

pelo *hair*

pena *regret, grief, sorrow*

penalización *penalty*

pensamiento *thought*

pensión *pension, allowance*

pepino *cucumber*

pequeño *small, little*

perder *to lose; to miss*

pérdida *loss*

perezoso *lazy, idle*

perfección *perfection*

perfil *profile; features,*
   characteristics

periódico *newspaper*

periodismo *journalism*

permanente *permanent,*
   constant

perseguir *to chase, to go after;*
   to pursue

pertenecer *to belong, to pertain*

pesado *heavy; tough, difficult;*
   boring person, bore

pescado *fish*

pesimista *pessimist*

peso *weight*

petición *request, plea, petition*

petróleo *oil, petroleum*

peyorativo *pejorative*

picar *to nibble, to have a snack*

pierna *leg*

pila *battery*

pimiento *pepper, pimiento*

pino *pine*

piso *flat, apartment; floor; storey*

pista *runway; track, trail*

planear *to plan*

planificación *planning*

planificar *to plan*

plano *flat, level; smooth*

plantilla *staff*

plástico *plastic*

plazo *period, time, time limit,*
   expiry date
   plazo de entrega *delivery date*

plegable *folding, collapsible*

población *population*

policía (nf) *police*

policía (nm) *police officer*

polifácetico *versatile,*
   multifaceted

polígono *site, estate*

pollo *chicken*

polución *pollution*

pólvora *gunpowder*

ponencia *paper; report*

ponente *speaker*

por ahora *for the present, for the*
   moment

porcentaje *percentage*

por (mi) cuenta *in (my)*
   opinion; on my own account

por eso *therefore; and so*

por otro lado... *on the other hand*

por primera/última vez *for the*
   first/last time

portátil *portable*

portero *porter, janitor,*
   caretaker; goalkeeper

postura *posture, position*

potaje *broth, vegetable stew*

practicar *to practise, to carry out*

preceder *to precede, to go before*

preciso *precise, exact; necessary,*
   essential

predecir *to predict, to forecast*

predisponer *to predispose;*
   to prejudice

preliminar *preliminary*

premiado *prizewinner*

premio *prize, award*

prensa *press*

presa *clutch, hold, catch*

presencia *appearance; presence*

presentación *presentation;*
   introduction

presionar *to put pressure on,*
   to press

prestación *service; provision*

préstamo *loan*

prestar *to lend, to loan*
   prestar sus servicios *to work*
   in/with; to serve

prestigio *prestige; good name*

presupuesto *budget, estimate*

previsión *foresight*
   en previsióna de *as a*
   precaution against

principal *principal, chief, main*

principiante *beginner*

principio *beginning, start*
   a principios de *at the*
   beginning of

prioridad *priority*

procedimiento *procedure,*
   process

productividad *productivity*

producto *product; yield, profit;*
   proceeds

profesor *teacher*

profundidad *depth*

progreso *progress*

prometedor *promising*

promoción *promotion,*
   advancement; class, year

pronombre *pronoun*

pronto *soon; quickly, promptly,*
   early

propiedad *property; possession*

propietario *owner, proprietor*

propio *own, of one's own*

proposición *proposal, proposition*

proteger *to protect*

prototipo *prototype*

provechoso *advantageous, beneficial, profitable*

proveedor (nm) *supplier; dealer*

provincia *province*

próximo *next, near, close*

prueba *test, trial; proof, evidence*

psicología *psychology*

publicidad *publicity, advertising*

pueblo *village; people, nation*

puesto *post; place, position; stall*

puntual *punctual*

quedar *to remain, to be left*

quedarse *to remain behind; to keep, to remain*

queso *cheese*

quiebra *bankruptcy, failure, collapse*

químico *chemical*

ramo *branch; section, department*

rango *rank; standing, status*

rapidez *speed, rapidity*

raro *strange, odd; rare, scarce*

razón (nf) *reason, motive; rightness*
  razón social *trade name, registered name*

reacción *reaction; response*

realidad *reality, truth*

realista *realist*

realizar *to carry out; to attain, to achieve; to realise*

realmente *really, in fact*

recado *message; errand*

recaer *to fall on, to pass to, to devolve upon*

recámara *breech, chamber*

recelo *suspicion; distrust*

recepcionista *receptionist, desk clerk*

rechazar *to reject, to turn down; to push back, to repel*

recibo *receipt, sales receipt*

recinto *precinct, enclosure, area*

recíproco *reciprocal, mututal*

recoger *to pick up, to collect; to take in*

recordar *to remember*

recorrido *run, journey; distance covered*

recuadro *inset, box*

recurso *resource, means*

red *network, chain; net*

redacción *writing, wording; essay*

redondo *round, rounded*

reducción *reduction; cut, cutback*

reducir *to reduce, to lessen, to cut*

referencia *reference*

reflejar *to reflect, to reveal*

refresco *soft drink*

región *region, district area*

registrar *to register; to record, to enter*

registrarse *to register; to sign in; to be recorded, to happen*

registro mercantil *business register*

regresar *to return, to come/go back*

regular *regular; middling, average, so so*

Reino Unido *United Kingdom*

relación *relationship, relation*

relacionar *to relate, to connect*

relatividad *relativity*

rellenar *to fill in, to fill, to stuff, to refill*

reloj (nm) *watch, clock*

rematar *to finish off, to bring to a conclusion*

remitir *to send, to remit*

remoto *remote*

remuneración *remuneration*

rendimiento *efficiency, performance; yield, profit*

renta *income, return*

renuncia *resignation*

reparación *repair, reparation*

repartir *to spread out, to distribute*

repercusión *repercussion, after-effects*

representación *performance, production; representation*

reproducción *reproduction*

repuesto *spare part, spare*

requisito *requirement, requisite*

resaltar *to stand out, to highlight*

rescate *rescue*

rescisión *cancellation, termination*

reserva *reservation; reserve*

resistencia *resistance; stamina*

responsabilidad *responsibility*

respuesta *answer*

restante *remaining*
  lo restante *the rest, the remainder*

restar *to take away, to reduce; to subtract*

retraso *delay*

retroproyector *overhead projector*

reunir *to assemble; to reunite, to join*

revista *magazine, journal*

riesgo *risk, danger*

rígido *rigid, stiff*

robo *robbery, theft*

rogar *to plead, to beg*

rojo *red*

romper *to break, to smash*

ropa *clothes, clothing*

roto *broken; torn*

rublo *rouble*

rueda *wheel, tyre; circle, ring*
  rueda de prensa *press conference*

ruido *noise, sound; row*

ruidoso *noisy, loud*

rumbo *route, direction; course*

ruso *Russian*

ruta *route*

sacar *to get; to produce, to make; to take out, to remove*

sal *salt*

sala *room, hall, auditorium*

saldo *balance; payment; clearance sale*

saliente *overhang, projection*

salsa *sauce, dressing, gravy*

saltear *to sauté*

saludar *to greet, to salute*

saludo *greeting*

sancionar *to sanction, to penalise*

satisfacer *to satisfy; to meet, to please*

sección *section, department, branch*

sede *headqurters, central office*

seguido por *followed by*

seguir *to follow, to come next; to continue, to go on*

según *according to, in accordance with, as*

seguridad *security, safety; certainty*

seguro *insurance; safe, secure; sure, certain*

seminario *seminar*

sencilla *simple, plain; easy; single*

sensualidad *sensuality*

sentido *sense; meaning; feeling*

sentir *to regret, to be sorry for; to feel*

señalar *to indicate, to point to, to point out*

serio *dignified, serious*

siempre *always, all the time*
siempre y cuando *provided that*

sierra *mountain range, sierra*

sigla *abbreviation, acronym*

signo (nm) *sign; symbol*

siguiente *following, next*

silla *chain*

simpático *nice, likeable, pleasant*

simultáneo *simultaneous*

sin embargo *however*

sindicato *syndicate; trade union*

sinónimo *synonym*

sitio *place, location; room, space*

situación *situation, position*

sociedad *company, partnership; society, association*
sociedad cooperativa *cooperative society*

socio *partner, associate*

soler *to be in the habit of, to be accustomed to*

solicitar *to request, to apply for, to ask for*

solicitud *application, request*

soltar *to let go of, to drop, to release*

soltero *single, unmarried*

solvencia *solvency; trustworthiness*

sonar *to ring; to sound; to sound familiar*

sonido *sound*

sonriente *smiling*

soñar *to dream*

sopa *soup*

soporte *support*

sorprender *to surprise*

sorpresa *surprise*

sorteo *raffle, draw*

sostener *to sustain, to support, to maintain*

spot *commercial, ad.*

subir *to raise, to increase, to lift up*

subrayar *to underline*

subsidio *subsidy, grant*

subvención *subsidy, subvention*

suceder *to happen, to occur*

sucio *dirty*

sucursal (nf) *branch office, subsidiary*

sueco *Swede, Swedish*

sueldo *salary, wage*

suerte *luck*

suficiente *enough, sufficient; competent; suitable*

Suiza *Switzerland*

suizo *Swiss*

sujeción *fastening*

sujeto *subject*

superar *to surpass; to overcome, to surmount*

superficie *surface*

supresión *supression, abolition, elimination*

suscribirse *to subscribe*

suspensiones de pago *suspension of payment*

sustantivo *noun, substantive*

susto *fright, scare*

tabaco *tobacco, cigarettes*

tabla *table, list, graph*

tablero *board, panel*

táctica *tactics; gambit*

talón *cheque, counterfoil*

talonario de cheques *cheque-book*

tamaño *size*

tampoco *neither*

tanto *so much, as much, so many, as many*

tarde *late; afternoon*

tarifa *tariff, rate; price list*

tarjeta *card*
tarjeta de visita *visiting card, calling card*
tarjeta de crédito *credit card*

tasa *rate, measure, standard; fixed price, official price*
tasa de crecimiento *growth rate*

técnico *technician; technical*

telefonear *to phone, to call*

temer *to fear, to be afraid of*

temporal *temporary; storm*

tensión *tension, tenseness; strain, stress*

terminación *ending, conclusion*

testarudo *stubborn, pig-headed*

testificar *to testify, to give evidence*

texto *text*

tienda *shop*

tila *lime tea*

timón *rudder, helm*

tinta *ink*

todo terreno *four-wheel drive*

tomar *to eat, to drink; to take*

tomate *tomato*

tópico *platitude; cliché; commonplace*

torcer *to turn, to twist, to bend*
tortilla *omelete; potato omelette*
tos *cough*
totalidad *whole, totality*
trabajador *hard-working, industrious*
traducción *translation*
traer *to bring, to fetch*
tráfico *traffic*
trámite *transaction, procedure*
tranquilizar *to reassure; to calm*
tranquilo *calm, unruffled*
transmisión *transfer, transmission*
trasladar *to move, to transfer*
traslado *move, removal; change*
trasplantar *to transplant*
trato *dealings, relationship, behaviour*
tremendo *terrible, dreadful, awful, tremendous*
triángulo *triangle*
tributario *tax, taxation*
tríptico *tryptich; three-page leaflet*
tripulación *crew*
tropezar *to trip, to stumble*
trozo *bit, piece, portion*
turista *tourist*
turno *turn*

últimamente *lastly, finally; recently*
ultranza, a *at all costs, come what may; all out*
único *only, sole, single; unique*
unidad *unit*
unir *to join, to unit*
universitario *undergraduate, university student*
útil *useful*
uva *grape*

vaca *cow*
valer *to be worth, to cost, to be valued at*
valer la pena *to be worth it*
validez *validity*
valla *hoarding, billboard; fence*
valor *value, wroth; price*
vanamente *vainly, uselessly*
vanidoso *vain, conceited, smug*
vapor *steam*
variado *varied, mixed, assorted*
varios *several, some, a number of*
vasco *Basque*
vegetariana *vegetarian*
vehículo *vehicle*
vencimiento *due date, expiry date*
vendedor *salesperson; seller; retailer*

vender *to sell; to market*
venezolano *Venezuelan*
venta *sale*
ventaja *advantage*
ventana *window*
verdad *truth*
¿verdad? *isn't it?, aren't you?, don't you etc.*
verde *green*
vergüenza *shame; shyness, timidity*
verificar *to check, to inspect; to verify*
vermut *vermouth*
vez *time, occasion*
rara vez *seldom, rarely*
una vez *once*
viabilidad *viability, feasibility*
viable *viable, feasible*
viajero *passenger, traveller*
videoteca *video library*
vidrio *glass*
vinagre *vinegar*
vocación *vocation*
volumen *volume*
voluntad *will, willpower; wish*
voto *vote*
vuelo *flight*
zona franca *duty-free zone*